会社別就活ハンドブックシリーズ

2025

キーエンスの就活ハンドブック

就職活動研究会 編

JOB HUNTING BOOK

はじめに

2021年春の採用から，1953年以来続いてきた，経団連（日本経済団体連合会）の加盟企業を中心にした「就活に関するさまざまな規定事項」の規定が，事実上廃止されました。それまで卒業・修了年度に入る直前の3月以降になり，面接などの選考は6月であったものが，学生と企業の双方が活動を本格化させる時期が大幅にはやまることになりました。この動きは2022年春そして2023年春へと続いております。

また新型コロナウイルス感染者の増加を受け，新卒採用の活動に対してオンラインによる説明会や選考を導入した企業が急速に増加しました。採用環境が大きく変化したことにより，どのような場面でも対応できる柔軟性，また非接触による仕事の増加により，傾聴力というものが新たに求められるようになりました。

『会社別就職ハンドブックシリーズ』は，いわゆる「就活生向け人気企業ランキング」を中心に，当社が独自にセレクトした上場している一流・優良企業の就活対策本です。面接で聞かれた質問にはじまり，業界の最新情報，さらには上場企業の株主向け公開情報である有価証券報告書の分析など，企業の多角的な判断・研究材料をふんだんに盛り込みました。加えて，地方の優良といわれている企業もラインナップしています。

思い込みや憧れだけをもってやみくもに受けるのではなく，必要な情報を収集し，冷静に対象企業を分析し，エントリーシート作成やそれに続く面接試験に臨んでいただければと思います。本書が，その一助となれば幸いです。

この本を手に取られた方が，志望企業の内定を得て，輝かしい社会人生活のスタートを切っていただけるよう，心より祈念いたします。

就職活動研究会

Contents

第1章

キーエンスの会社概況

会社によって選考方法は千差万別。面接で問われる内容や採用スケジュールもバラバラだ。採用試験ひとつとってみても，その会社の社風が表れていると言っていいだろう。ここでは募集要項や面接内容について過去の事例を収録している。

また，志望する会社を数字の面からも多角的に研究することを心がけたい。

✔ メッセージ

全ては付加価値の創造のために

1974 年の会社設立以来、付加価値の創造こそが企業の存在意義であり、また、そのことによって社会へ貢献するという考えのもと、全社一丸となって事業活動に取り組んでまいりました。
世の中にない価値を生み出すことに取り組み続け、新商品の約 70%が世界初、業界初の商品となっており、世界のさまざまな業界のお客様に当社商品をご採用いただいております。おかげさまで世界のグローバル企業の中でも有数の優良企業として高くご評価いただけるようになりました。

本来の目的を見失うことなく行動し続ける

当社の経営において大切にしていることは、「経営にとって当たり前のことを当たり前に実践する」ということです。これを実践するうえで「目的意識」を持つことを常に意識しています。
たくさんの人数で仕事を進めると、その手段が目的となり、結果として当たり前のことが徹底できなくなってしまいます。
「何のためにその仕事を行っているのか、何に役立つのか」を考え、本来の目的を見失わないように心掛けることで、当たり前のことを当たり前に実践することが可能となります。
「何のためにその仕事を行っているのか、何に役立つのか」を考え、本来の目的を見失わないように心掛けることで、当たり前のことを当たり前に実践することが可能となります。

今と将来に向けて

当社の経営において、優先度の高い課題は「付加価値の高い商品を創造し続けること」です。ものづくりの現場で何が起きているかを正しく把握し、先を見通すことで、お客様もまだ気づいていない課題を解決する新しい価値を持った商品が生み出されます。
もう一つの課題は「海外での販売比率を高めること」です。現在の海外売上高の比率は市場のポテンシャルに比べてまだまだ低いと言わざるを得ません。大きく成長余地のある海外市場において、当社ビジネスモデルであるダイレクトセールス体制をしっかりと根付かせることで、売上を大きく伸ばしていけると考えております。
社員一人ひとりが生み出した付加価値が社会の皆様のお役にたてますよう、全社員一丸となって真摯に業務に取り組んでまいります。

代表取締役社長
中田 有

✔ 会社データ

設立	1974年5月27日
資本金	306億3,754万円
株式上場	東京証券取引所プライム市場上場
代表者	代表取締役社長 中田 有
連結従業員数	10,580名（2023年3月現在）
事業内容	センサ、測定器、画像処理機器、制御・計測機器、研究・開発用 解析機器、ビジネス情報機器

✔ 仕事内容

ビジネス職

課題を発見し、解決へと導く仕事

単に商品を売るのではなく、お客様さえも気づいていない「潜在的な課題」を発掘し、その解決策を提案します。そのためには、お客様のビジネス、商品の専門知識などの多種多様な知見、そして最適な解決策を導く論理的な思考力が求められます。さらにモノづくりの現場で得た「気づき」を企画開発部門へフィードバック。より付加価値の高い商品をつくるための問題意識を常に持ち、高いアンテナを張りめぐらせた活動が鍵となります。

仕組みをフルに活用して、さらなる飛躍を目指せる

「テリトリー制」という制度を導入しており、入社半年後には個々に一定のエリアを営業担当範囲としてお任せします。先輩のサポートを受けながら、「戦略立案」から「提案・販売」「アフターフォロー」まで幅広い業務を一任します。経験値もスキルも日々磨かれ、ビジネスパーソンとして大きく成長できる環境です。

エンジニア職

商品開発

顕在化されたニーズではなく、一歩先の潜在ニーズを形にする仕事です。営業担当や商品企画とともに、国内・海外を問わずお客様から直接ヒアリング。そこで得た情報をヒントに商品開発を行います。お客様のことを深く理解しているからこそ、「超」付加価値を生み出すことができます。

生産技術

開発された新商品の量産化を図り、独自の技術を用いて生産ラインを一から構築するのが生産技術職です。高品質かつ高効率なラインと設備で、高い性能を担保した商品を世に送り出します。キーエンスが開発したすべての商品の量産化を支える仕事です。

コンサルティングエンジニア

お客様から技術的難易度の高いご相談を受けた時が、コンサルティングエンジニアの出番です。「どうすれば最高のカタチで実現できるだろうか？」。お客様の背景情報を細かくヒアリング。課題の解決策を提供するだけでなく、その後の運用まで考え、高い技術力を活かし、一歩踏み込んだ提案を行います。

ICT 職

商品の製造から販売・出荷に至る、キーエンスのあらゆる企業活動に必要な業務環境を、IT インフラから基幹システムの企画・開発まで、最新の ICT 技術で実現する役割です。国内および海外の様々な部署の要望や相談、将来の経営課題に向き合い、自らも「現場」を理解して解決策を提案し、最適な手法で実現します。

S 職

担当業務の質の向上、効率化に取り組み、付加価値の創造を支えていく仕事です。キーエンスの S 職は、単なる定型業務にとどまらず、常に業務の中で改善できる「気づき」を発信し、プラスアルファの活躍が求められます。

所属グループ例

営業事務
販売促進
人事
総務
経理
購買　など

✔ 先輩社員の声

「アップデートし続けること」
に、夢中。

【ビジネス職／ 2020 年入社】

常に変化に挑み、成長を実感できる環境に 身を置いていたい。

決まったことを黙々と繰り返す。そんな作業が向いている人もいるかもしれませんが、私は人生においてずっと同じことを続けるのが好きではありません。食事でさえ、同じお店には行かずに、あちこちでいろいろなものを食べたいと思うぐらいで、常に刺激にあふれていないと気が済まない性格です。幼い頃から野球にずっと打ち込んできましたが、そこでも常に自分なりの課題を設定し、練習方法も変化させていく癖がついていました。課題という刺激を見出し、克服し、成長する。社会に出てもそういった環境に身を置きたいと学生時代から考えていました。

そんな中で出会ったのがキーエンス。大学の先輩が入社していて、「公私ともに充実しているよ」と教えてもらったのがきっかけでした。企業研究を進める中で魅力に感じたのが、若いうちから責任ある仕事を任せてもらえるという育成に対する考え方と、実績ある先輩方からビジネススキルを学べる成長環境。ここならば、常に変化の中に身を置き、課題を克服することで成長を実感していたい自分にマッチすると考え、キーエンスで働きたいと思うようになったのです。

お客様に対するスピーディーな対応に 慣れてきた私の、次なる課題。

私が扱う商品は 3D の精密な測定に強みを発揮するという、市場の中でも際立った特長を持ったもの。一方で、高機能な分、商品単価はキーエンスの商品の中でも高額機種と言われており、お客様にとってのメリットをしっかり提示できないと簡単に導入には至りません。そこで営業担当に求められるのが、いかにこの商品がお客様の事業に貢献するか、具体的にイメージできるようにすること。そのためには、事前にお客様がどんな課題を抱えていて、どのような目的で商品を検討しているのかをしっかりとリサーチしておくことが大切です。

お客様との対話をスムーズにし、正確なニーズ把握を実現するために、入社 1 年目に設定したテーマは「スピーディーにお客様に対応する」ということ。1 年目の終わりには、責任者からも高く評価される成果も残せ、それはだいぶできるようになったと思います。ですが、事前のリサーチに関しては、まだまだ成長の余地があると感じています。担当エリア内のお客様は事業規模も業界も多様で、抱えている課題意識も事業背景も千差万別。あらゆる変化に対応できるように、先輩方のスキルを学びながら営業としての実力を高めていきたいと思っています。

「自分の商品をつくる」
に、夢中。

【エンジニア職／ 2018 年入社】

努力し目標を達成する。
その積み重ねで高みを目指せる環境が、私の志向にマッチした。

私は元来、「努力し頑張って目標を達成する」ことが好き。その原点は、小学生の時のサッカーでの体験です。チームでフォワードを任されていた私は、「もっとたくさんのゴールを決めたい！」という思いから、来る日も来る日もシュート練習に没頭。日々の練習メニューをこなすだけではなく、ときにはコーチに積極的にアドバイスを求めて居残り練習することも。そして、翌年の市大会では念願の得点王になったのです。挑戦し頑張ること、そのことで開ける世界があること。そんなワクワクする気持ちを実感できた成功体験が、以降の自分のさまざまなモチベーションに。就活の軸を「成長できる・専門性が磨ける・努力し突破したことで得られるものが大きい」としたのも、そんな体験があったからです。この軸に当てはまる企業の中でも、キーエンスに大きな魅力を感じた理由は、世界初・業界初にこだわる技術レベルの高さ、合理的でフラットな社風が際立っていたこと。また、開発職の方から、自分の意見を持っていれば企画から量産まで幅広い業務に携われると聞き、面白そうだなと直感しました。その直感は大正解。入社後から今に至るまで、キーエンスは私の志向にマッチしていると実感しています。

入社半年で重要な仕事を担当。
大きな壁に挑んだ先にあるものとは。

スマートフォンなどの商品の小型化に伴い、その製造装置に設置するセンサにも小型化が求められています。しかし、実現には大きな課題がありました。それは「小型化と高精度のトレードオフ」。その解決のキーとなる受光素子の選定と回路設計・アルゴリズムの検討を、入社半年で任されたのです。受光素子・回路・アルゴリズムをまとめて最適化すれば、互いの長所を活かし短所を補うことで、個別に設計しては到達できない高い性能を引き出すことができる。一人に任せられる仕事の範囲が広い、キーエンスならではの挑戦的なミッション。「よし、やってやる！」と奮い立ちました。
「高品質の素子は、精度は上がるがコストが高い」「アルゴリズムを工夫できないか」。先輩と議論を重ね、実験を繰り返しました。しかし、目標性能到達の目途が立ったと思った時、大きな壁が！ 試作品の回路がノイズの影響を受けてしまったのです。「これでは商品にならない……」。設計変更の検討と同時に、回路以外の構造やメカの設計担当も含め、チーム一丸となって目の前の問題に向き合いました。「ノイズシールドを入れては？」「静電気で壊れやすいから絶縁して守らないと」。一つずつ評価をしながら原因を潰す日々。しかし、この苦しい中でも「絶対に諦めない、必ず実現させるんだ」という熱い思いを、私自身もチームも失っていませんでした。

✔ 募集要項

掲載している情報は過去ものです。
最新の情報は各企業のHP等を確認してください。

募集対象	・2024年4月～2025年3月に四年制大学を卒業、もしくは大学院を修了見込みの方 ・募集学科は全学部全学科 ・公平・公正の観点から、キーエンスの役員・社員と三親等以内（子女、兄弟 姉妹、甥姪等）の方はご応募いただけません。
給与	【学部卒】　月給250,000円 【修士了】　月給270,000円　※博士了 含む 大阪勤務、独身の場合。地域住宅補助額は、勤務地等により異なります。
賞与	年4回（3月・6月・9月・12月）
勤務地	本社・研究所（新大阪）、東京研究所（台場）および国内外各事務所
勤務時間	8：30～17：15
休日休暇	年間休日：128日（2023年度） 年3回の長期休暇：GW・夏季・冬季に各7～10連休 週休2日制（土・日）※年2回出勤土曜日あり 上記に加え、有休・慶弔・特別休暇あり
諸手当	時間外手当、通勤手当　ほか
福利厚生	育児・介護休業制度、キャリア支援制度（育休から早期復帰を目指す社員向け支援）、借上住宅、社員持株会、個人積立年金、慶弔金（結婚･出産祝い金など）、退職金（確定拠出年金）、キーエンスグループ健康保険組合（人間ドック補助など）、自己啓発支援（語学レッスン受講など）

✔ 採用の流れ （出典：東洋経済新報社『就職四季報』）

エントリーの時期	【総】1月～3月　【技】1月～5月
採用プロセス	【総・技】エントリー（1～5月）→説明会・適性検査→面接（3～4回）→内々定（6～7月）
採用実績数	2024年：389名採用
採用実績校	【文系】 北海道大学，東北大学，筑波大学，青山学院大学，慶應義塾大学，駒澤大学，上智大学，専修大学，中央大学，東京工業大学，東京大学，東京都立大学，東京理科大学，東洋大学，日本大学，法政大学，明治大学，立教大学，早稲田大学，横浜国立大学，名古屋大学，京都大学，京都産業大学，同志社大学，立命館大学，龍谷大学，大阪大学，大阪公立大学，関西大学，近畿大学，関西学院大学，甲南大学，神戸大学，九州大学　他（理系含む） 【理系】 文系に含む

✔2023年の重要ニュース (出典：日本経済新聞)

キーエンス純利益最高の2680億円　4~12月、高収益維持(2/1)

キーエンスが1日発表した2022年4～12月期連結決算は純利益が前年同期比23%増の2680億円となり、4～12月期としては過去最高を更新した。部品コストの上昇を受けて22年10月に製品の値上げに踏み切ったが、顧客ニーズを把握して開発したセンサーや計測器など主力製品の販売は堅調だった。各国の金融引き締めなどを受けて企業の設備投資には不透明感も出ているが、開発力と供給力で逆風を跳ね返した格好だ。

売上高は前年同期比25%増の6806億円だった。地域別でみると国内が14%増、中国を含むアジアが26%増、米州は42%増、欧州などが33%増と軒並み好調だった。稼ぐ力を示す営業利益率は54.2%と高水準を維持し、ファナックの23.1%やオムロンの18.0%（制御機器事業）などファクトリーオートメーション（FA）関連の国内大手を上回っている。

電子部品や半導体などの部材の価格高騰を受け、10月からセンサーや計測器など全商品を対象にカタログ上の価格を10～35%引き上げる価格改定を実施したが、値上げ後も販売は堅調だ。22年10～12月期の売上高は2366億円と、直前の3カ月間の22年7～9月期の売上高（2519億円）を下回ったが、1年前の21年10~12月期からは2割強伸びた。キーエンスは「10～12月は例年、国内顧客の予算の手当てが前後の3カ月に比べると少ない時期」と説明する。22年10~12月期の営業利益率も53.9%と高水準だった。

工場の自動化投資は新型コロナウイルスの感染拡大下でも世界的に拡大してきたが、各国の金融引き締めや中国での感染拡大などもあり、先行きには不透明感もある。それでも株式市場のキーエンスへの見方は強気だ。会社側は23年3月期通期の業績予想を開示していないが、市場予想平均（QUICKコンセンサス、1月28日時点）は純利益が前期比21%増の3663億円、売上高が21%増の9171億円と過去最高を見込んでいる。

強さの原動力は商品の付加価値の高さだ。売上高から売上原価を引いた「売上総利益」の比率は22年4～12月期で81.9%と国内の製造業でも異例の高さだ。代理店を通さずに直接販売で約30万社にもおよぶ顧客の現場に営業担当者が足を運び、顧客の需要を掘り起こし、製品開発にもつなげている。キーエンスでは多くの商品企画から選ぶかたちで年間十数種類の新製品を投入するが、「7割が世界初・業界初の機能を持ち、新商品の全てがヒット商品になる」（幹部）という。

発注を受けた当日に商品を出荷できる体制も強さにつながっている。カタログに載せている製品をすべて在庫として確保し、個々の商品が多く出荷されるタイミングなどを把握する。需要予測や部品調達、生産のリードタイムなどから適切な在庫管理を図ることで過剰在庫のリスクも抑えている。

■キーエンス、平均年収2279万円　2年連続最高更新(6/23)

キーエンスの2023年3月期の平均年間給与は、過去最高だった前の期を上回り2年連続で最高額を更新した。2279万円と前の期より約97万円増えた。23年3月期は地域別の売上高に占める海外の比率が初めて6割を超えるなど、海外事業が好調で最高益だった。業績の伸びに合わせて給与を引き上げ、優秀な人材の獲得につなげる。

23日までに開示した有価証券報告書で明らかにした。キーエンスの報酬は業績に連動して決まる。23年3月期の連結純利益が2年連続で過去最高となったことを受け、従業員に好待遇で報いた。年間給与は直近の10年間で約960万円増加した。

新型コロナウイルスの影響などで業績が落ち込んだ21年3月期は年間給与も1751万円まで落ち込んだが、直近2年間の年間給与は2000万円を超えている。

キーエンスは生産設備を自動化するファクトリーオートメーション（FA）で使うセンサーなどを開発する。自社の工場を持たないファブレス企業で、営業や製品開発に集中する。新製品の約7割が世界初または業界初といい、発注を受けた当日に商品を出荷する「当日出荷」も強みとしている。

✔ 就活生情報

ビジネス職 2023

エントリーシート

・形式：履歴書のみ。内容：ない。ガクチカ・志望動機等問われない。課外活動や資格の有無など簡単な履歴書をマイページ上で提出

セミナー

・選考との関係：筆記や面接などが同時に実施される、選考と関係のあるものだった
・服装：リクルートスーツ
・内容：企業説明を60分程度受けた後、20秒PR動画の〆切（だいたい5日後）が発表されオンラインでの提出を求められる

筆記試験

・形式：マークシート。課目：数学、算数／国語、漢字／性格テスト
・内容：SPI（テストセンター）。性格テストに重きを置いている

面接（個人・集団）

・雰囲気：和やか。回数：3回
・質問内容：1次面接。フェイスシートに沿った質問。「説得面接」。説得とは名ばかりに、選考で重視されているのは「ヒアリング力」
・2次面接。フェイスシートに沿った質問。2次面接専用のフェイスシートが課され、それに沿った質問。「要素面接」。キャリパーという性格診断
・最終面接。雑談程度の内容。フェイスシートに沿った質問と最終選考前に書かさせれるフェイスシートに沿った質問。キャリパーのFB。

内定

・通知方法：その他。最終面接の最後に、その場で握手して内定

その他の情報

・営業マンとしてのポテンシャルが評価される面接
・選考スピードも速く、面接官の対応もこの上なく丁寧

営業職 2023卒

エントリーシート

・形式：採用ホームページから記入
・内容：ABCDそれぞれのタイプの特徴がかかれていて、自分は何タイプかを選ぶ

セミナー

・選考とは無関係
・服装：リクルートスーツ
・内容：企業紹介がメイン

筆記試験

・形式：Webテスト
・課目：英語／数学、算数／国語、漢字／性格テスト
・内容：SPI

面接（個人・集団）

・雰囲気：普通
・回数：3回
・質問内容：要素面接(EV車に将来乗りたいと思うか。思わないか。/家事代行サービスを将来利用したいか。したくないか。/終身雇用制度について反対か。賛成か。)、志望動機

内定

・通知方法：電話

その他受験者からのアドバイス

・キーエンスの面接は特殊とよく言われますが、傾向と対策が既にある程度確立されている。
・しっかり対策していけば必ず合格できる。

本を読みましょう。論理的な思考力を早くから身に着け実践することが大事です

ビジネス職 2021卒

エントリーシート

・形式：指定の用紙に手で記入
・内容：一次，2次，最終の各段階でそれぞれ記入。自分がどのようなタイプか何を重視するのかなどさまざまな項目あり

セミナー

・筆記や面接などが同時に実施される，選考と関係のある
・服装：リクルートスーツ
・内容：企業紹介説明会後に20秒PRを行う

筆記試験

・形式：Webテスト
・課目：数学，算数／国語，漢字
・内容：SPI

面接（個人・集団）

・雰囲気：和やか
・回数：3回

内定

・通知方法：電話
・タイミング：予定より早い

その他受験者からのアドバイス

・選考フローが早い，他企業にはない特殊な選考形式
・本を読むこと
・論理的な思考力を早くから身に着け実践すること

物事を論理的に考え，合理的な結論を導き出す経験を積むことや，意識を持つことを心がけましょう

技術職 2019卒

エントリーシート

・形式：履歴書のみ

セミナー

・筆記や面接などが同時に実施される，選考と関係のある
・服装：リクルートスーツ
・内容：会社概要，キーエンスのもつ強みを紹介。その後は数名の開発系社員から製品の紹介や交流

筆記試験

・形式：マークシート／Webテスト
・課目：数学，算数／国語，漢字／性格テスト
・内容：テストセンター　性格審査はキャリパー

面接（個人・集団）

・雰囲気：普通。回数：4回
・内容：1次…読解問題を解いて内容に関するディスカッション
・2次…その場で記入のフェイスシートと予め作成していった履歴書について。中高生活まで掘り返され，自分がどのような人間であるかを徹底して掘られた
・3次…会社見学会で良かったことは何か
・4次(最終)…性格診断のフィードバック。終始こちらが聞き手に回る感じ

内定

・拘束や指示：納得いくまで就職活動を続けていいと言われる
・通知方法：採用HPのマイページ
・タイミング：予定より早い

その他受験者からのアドバイス

・人となりを徹底的に合理的な視点で見ている
・物事を論理的に考え，合理的な結論を導き出す経験をつむことや意識を持つことをこころがける

自己分析を怠る人は，
売り手市場でも内定は出ません

ビジネス職 2021卒

エントリーシート

・形式：履歴書のみ

セミナー

・筆記や面接などが同時に実施される。選考と関係あり。リクルートスーツ
・内容：最初に会社概要の説明。その後スライドを見ながら70問ほど回答する性格診断。終了後は20秒PR。20秒PRは４名の監督官の前にそれぞれ学生が立ち，PRを行う

筆記試験

・形式：マークシート/その他
・課目：数学，算数／国語，漢字／性格テスト
・内容：マークシートは性格診断１回とキャリパー１回。言語と非言語，性格診断のSPI(テストセンター)

面接（個人・集団）

・雰囲気：和やか。回数：3回
・内容：私を顧客であると想定してください。私はタブレット派ですが，ノートPC派になるように説得してください。制限時間は3分です
・積極的な人と消極的な人，どちらが営業に向いていると思うか？選択した上で理由を3つ挙げる。→その後，各回答に対して深堀り

内定

・拘束や指示：就職活動を続けることが前提で話をしてもらえる
・通知方法：電話
・タイミング：予定より早い

その他受験者からのアドバイス

・その学生が持つ能力や賢さ，適性等で選考している
・自己分析を怠る人は売り手市場でも内定は出ない

常日頃から物事を深く考える習慣をつけておいたほうがよい

技術職 2018卒

エントリーシート

・形式：履歴書のみ

セミナー

・筆記や面接などが同時に実施される，選考と関係のある
・服装：リクルートスーツ
・内容：人事の方からの企業紹介の後に100問程の性格検査
・開発，CE，生産技術職のどれを希望しているかの調査

筆記試験

・形式：マークシート
・課目：数学，算数／国語，漢字／性格テスト
・内容： SPI，ビジネス職と併願の方は先に受験したSPIの結果が送られます

面接（個人・集団）

・雰囲気：和やか
・回数：4回
・内容：自動車工場を例にしたケーススタディ／研究内容についての深堀り／提示された製品について，あなたならどういった戦略で市場展開するか／選社軸について／会社見学会について

内定

・通知方法：電話
・タイミング：予定通り

その他受験者からのアドバイス

・とにかく選考の連絡が早く，次々にステップを進められる
・常日頃から物事を深く考える習慣をつけておいたほうがよい
・説明会や面接などで社員の方と触れ合い，自分の目で見て判断する

✔ 有価証券報告書の読み方

01 部分的に読み解くことからスタートしよう

「有価証券報告書（以下，有報）」という名前を聞いたことがある人も少なくはないだろう。しかし，実際に中身を見たことがある人は決して多くはないのではないだろうか。有報とは上場企業が年に１度作成する，企業内容に関する開示資料のことをいう。開示項目には決算情報や事業内容について，従業員の状況等について記載されており，誰でも自由に見ることができる。

一般的に有報は，証券会社や銀行の職員，または投資家などがこれを読み込み，その後の戦略を立てるのに活用しているイメージだろう。その認識は間違いではないが，だからといって就活に役に立たないというわけではない。就活を有利に進める上で，お得な情報がふんだんに含まれているのだ。ではどの部分が役に立つのか，実際に解説していく。

■有価証券報告書の開示内容

では実際に，有報の開示内容を見てみよう。

有価証券報告書の開示内容

第一部【企業情報】
- 第１【企業の概況】
- 第２【事業の状況】
- 第３【設備の状況】
- 第４【提出会社の状況】
- 第５【経理の状況】
- 第６【提出会社の株式事務の概要】
- 第７【提出会社の状参考情報】

第二部【提出会社の保証会社等の情報】
- 第１【保証会社情報】
- 第２【保証会社以外の会社の情報】
- 第３【指数等の情報】

有報は記載項目が統一されているため，どの会社に関しても同じ内容で書かれている。このうち就活において必要な情報が記載されているのは，第一部の第1【企業の概況】～第5【経理の状況】まで，それ以降は無視してしまってかまわない。

02 企業の概況の注目ポイント

第1【企業の概況】には役立つ情報が満載。そんな中，最初に注目したいのは，冒頭に記載されている【主要な経営指標等の推移】の表だ。

回次		第25期	第26期	第27期	第28期	第29期
決算年月		平成24年3月	平成25年3月	平成26年3月	平成27年3月	平成28年3月
営業収益	(百万円)	2,532,173	2,671,822	2,702,916	2,756,165	2,867,199
経常利益	(百万円)	272,182	317,487	332,518	361,977	428,902
親会社株主に帰属する当期純利益	(百万円)	108,737	175,384	199,939	180,397	245,309
包括利益	(百万円)	109,304	197,739	214,632	229,292	217,419
純資産額	(百万円)	1,890,633	2,048,192	2,199,357	2,304,976	2,462,537
総資産額	(百万円)	7,060,409	7,223,204	7,428,303	7,605,690	7,789,762
1株当たり純資産額	(円)	4,738.51	5,135.76	5,529.40	5,818.19	6,232.40
1株当たり当期純利益	(円)	274.89	443.70	506.77	458.95	625.82
潜在株式調整後1株当たり当期純利益	(円)	—	—	—	—	—
自己資本比率	(%)	26.5	28.1	29.4	30.1	31.4
自己資本利益率	(%)	5.9	9.0	9.5	8.1	10.4
株価収益率	(倍)	19.0	17.4	15.0	21.0	15.5
営業活動によるキャッシュ・フロー	(百万円)	558,650	588,529	562,763	622,762	673,109
投資活動によるキャッシュ・フロー	(百万円)	△370,684	△465,951	△474,697	△476,844	△499,575
財務活動によるキャッシュ・フロー	(百万円)	△152,428	△101,151	△91,367	△86,636	△110,265
現金及び現金同等物の期末残高	(百万円)	167,525	189,262	186,057	245,170	307,809
従業員数［ほか、臨時従業員数］	(人)	71,729 [27,746]	73,017 [27,312]	73,551 [27,736]	73,329 [27,313]	73,053 [26,147]

見慣れない単語が続くが，そう難しく考える必要はない。特に注意してほしいのが，**営業収益**，**経常利益**の二つ。営業収益とはいわゆる**総売上額**のことであり，これが企業の本業を指す。その営業収益から営業費用（営業費（販売費＋一般管理費）＋売上原価）を差し引いたものが**営業利益**となる。会社の業種はなんであれ，モノを顧客に販売した合計値が営業収益であり，その営業収益から人件費や家賃，広告宣伝費などを差し引いたものが営業利益と覚えておこう。対して経常利益は営業利益から本業以外の損益を差し引いたもの。いわゆる金利による収益や不動産収入などがこれにあたり，本業以外でその会社がどの程度の力をもっているかをはかる絶好の指標となる。

■会社のアウトラインを知れる情報が続く。

この主要な経営指標の推移の表につづいて,「会社の沿革」,「事業の内容」,「関係会社の状況」「従業員の状況」などが記載されている。自分が試験を受ける企業のことを，より深く知っておくにこしたことはない。会社がどのように発展してきたのか，主としている事業はどのようなものがあるのか，従業員数や平均年齢はどれくらいなのか，志望動機などを作成する際に役立ててほしい。

03 事業の状況の注目ポイント

第2となる【事業の状況】において，最重要となるのは**業績等の概要**といえる。ここでは1年間における収益の増減の理由が文章で記載されている。「○○という商品が好調に推移したため，売上高は△△になりました」といった情報が，比較的易しい文章で書かれている。もちろん，損失が出た場合に関しても包み隠さず記載してあるので，その会社の1年間の動向を知るための格好の資料となる。

また，業績については各事業ごとに細かく別れて記載してある。例えば鉄道会社ならば，①運輸業，②駅スペース活用事業，③ショッピング・オフィス事業，④その他といった具合だ。**どのサービス・商品がどの程度の売上を出したのか**，会社の持つ展望として，今後**どの事業をより活性化**していくつもりなのか，などを意識しながら読み進めるとよいだろう。

■「対処すべき課題」と「事業等のリスク」

業績等の概要と同様に重要となるのが,「**対処すべき課題**」と「**事業等のリスク**」の2項目といえる。ここで読み解きたいのは，その会社の**今後の伸びしろ**について。いま，会社はどのような状況にあって，どのような課題を抱えているのか。また，その課題に対して取られている対策の具体的な内容などから経営方針などを読み解くことができる。リスクに関しては法改正や安全面，他の企業の参入状況など，会社にとって決してプラスとは言えない情報もつつみ隠さず記載してある。客観的にその会社を再評価する意味でも，ぜひ目を通していただきたい。

次代を担う就活生にとって，ここの情報はアピールポイントとして組み立てやすい。「新事業の○○の発展に際して……」,「御社が抱える●●というリスクに対して……」などという発言を面接時にできれば，面接官の心証も変わってくるはずだ。

04 経理の状況の注目ポイント

最後に注目したいのが，第5【経理の状況】だ。ここでは，簡単にいえば【主要な経営指標等の推移】の表をより細分化した表が多く記載されている。ここの情報をすべて理解するのは，簿記の知識がないと難しい。しかし，そういった知識があまりなくても，読み解ける情報は数多くある。例えば**損益計算書**などがそれに当たる。

連結損益計算書

（単位：百万円）

	前連結会計年度 （自 平成26年4月1日 至 平成27年3月31日）	当連結会計年度 （自 平成27年4月1日 至 平成28年3月31日）
営業収益	2,756,165	2,867,199
営業費		
運輸業等営業費及び売上原価	1,806,181	1,841,025
販売費及び一般管理費	※1 522,462	※1 538,352
営業費合計	2,328,643	2,379,378
営業利益	427,521	487,821
営業外収益		
受取利息	152	214
受取配当金	3,602	3,703
物品売却益	1,438	998
受取保険金及び配当金	8,203	10,067
持分法による投資利益	3,134	2,565
雑収入	4,326	4,067
営業外収益合計	20,858	21,616
営業外費用		
支払利息	81,961	76,332
物品売却損	350	294
雑支出	4,090	3,908
営業外費用合計	86,403	80,535
経常利益	361,977	428,902
特別利益		
固定資産売却益	※4 1,211	※4 838
工事負担金等受入額	※5 59,205	※5 24,487
投資有価証券売却益	1,269	4,473
その他	5,016	6,921
特別利益合計	66,703	36,721
特別損失		
固定資産売却損	※6 2,088	※6 1,102
固定資産除却損	※7 3,957	※7 5,105
工事負担金等圧縮額	※8 54,253	※8 18,346
減損損失	※9 12,738	※9 12,297
耐震補強重点対策関連費用	8,906	10,288
災害損失引当金繰入額	1,306	25,085
その他	30,128	8,537
特別損失合計	113,379	80,763
税金等調整前当期純利益	315,300	384,860
法人税、住民税及び事業税	107,540	128,972
法人税等調整額	26,202	9,326
法人税等合計	133,742	138,298
当期純利益	181,558	246,561
非支配株主に帰属する当期純利益	1,160	1,251
親会社株主に帰属する当期純利益	180,397	245,309

主要な経営指標等の推移で記載されていた**経常利益**の算出する上で必要な営業外収益などについて，詳細に記載されているので，一度目を通しておこう。

いよいよ次ページからは実際の有報が記載されている。ここで得た情報をもとに有報を確実に読み解き，就職活動を有利に進めよう。

✔ 有価証券報告書

※抜粋

企業の概況

1 主要な経営指標等の推移

(1) 連結経営指標等

回次		第50期	第51期	第52期	第53期	第54期
決算年月		2019年3月	2020年3月	2021年3月	2022年3月	2023年3月
売上高	(百万円)	587,095	551,843	538,134	755,174	922,422
経常利益	(百万円)	319,860	280,253	286,594	431,240	512,830
親会社株主に帰属する当期純利益	(百万円)	226,147	198,124	197,289	303,360	362,963
包括利益	(百万円)	225,473	194,069	203,293	309,265	378,990
純資産額	(百万円)	1,588,309	1,758,083	1,912,844	2,173,583	2,491,634
総資産額	(百万円)	1,675,913	1,836,018	2,009,874	2,324,037	2,650,429
1株当たり純資産額	(円)	6,548.97	7,249.02	7,887.16	8,962.26	10,273.68
1株当たり当期純利益	(円)	932.46	816.91	813.47	1,250.83	1,496.60
潜在株式調整後1株当たり当期純利益	(円)	−	−	−	−	−
自己資本比率	(%)	94.8	95.8	95.2	93.5	94.0
自己資本利益率	(%)	15.23	11.84	10.75	14.85	15.56
株価収益率	(倍)	36.51	38.65	65.03	43.81	40.26
営業活動によるキャッシュ・フロー	(百万円)	209,380	203,434	192,652	271,476	302,628
投資活動によるキャッシュ・フロー	(百万円)	△205,350	△222,712	△177,487	△11,134	△283,487
財務活動によるキャッシュ・フロー	(百万円)	△18,221	△24,296	△48,532	△49,817	△63,666
現金及び現金同等物の期末残高	(百万円)	265,894	222,903	189,875	396,165	344,002
従業員数	(人)	7,941	8,419	8,380	8,961	10,580

(注) 1 潜在株式調整後1株当たり当期純利益については，潜在株式が存在しないため記載しておりません。
2 2019年11月21日付で普通株式1株につき2株の割合で株式分割を行っておりますが，第50期の期首に当該株式分割が行われたと仮定し，1株当たり純資産額，1株当たり当期純利益を算定しております。

---

point 主要な経営指標等の推移

数年分の経営指標の推移がコンパクトにまとめられている。見るべき箇所は連結の売上，利益，株主資本比率の3つ。売上と利益は順調に右肩上がりに伸びているか，逆に利益で赤字が続いていたりしないかをチェックする。株主資本比率が高いとリーマンショックなど景気が悪化したときなどでも経営が傾かないという安心感がある。

3 「収益認識に関する会計基準」(企業会計基準第29号2020年3月31日) 等を当連結会計年度の期首から適用しており，当連結会計年度に係る主要な経営指標等については，当該会計基準等を適用した後の指標等となっております。

(2) 提出会社の経営指標等

回次		第50期	第51期	第52期	第53期	第54期
決算年月		2019年3月	2020年3月	2021年3月	2022年3月	2023年3月
売上高	(百万円)	458, 423	419, 862	419, 291	605, 720	709, 736
経常利益	(百万円)	290, 238	250, 293	259, 601	402, 733	463, 006
当期純利益	(百万円)	206, 020	176, 481	177, 592	282, 019	325, 792
資本金	(百万円)	30, 637	30, 637	30, 637	30, 637	30, 637
発行済株式総数	(千株)	121, 603	243, 207	243, 207	243, 207	243, 207
純資産額	(百万円)	1, 459, 260	1, 610, 541	1, 742, 998	1, 974, 501	2, 238, 206
総資産額	(百万円)	1, 527, 983	1, 669, 088	1, 819, 694	2, 098, 430	2, 355, 139
1株当たり純資産額	(円)	6, 016. 87	6, 640. 67	7, 186. 84	8, 141. 40	9, 228. 73
1株当たり配当額 (内、1株当たり中間配当額)	(円)	200. 00 (100. 00)	200. 00 (100. 00)	200. 00 (100. 00)	200. 00 (100. 00)	300. 00 (150. 00)
1株当たり当期純利益	(円)	849. 47	727. 68	732. 26	1, 162. 84	1, 343. 33
潜在株式調整後1株当たり当期純利益	(円)	—	—	—	—	—
自己資本比率	(%)	95. 5	96. 5	95. 8	94. 1	95. 0
自己資本利益率	(%)	15. 09	11. 50	10. 59	15. 17	15. 47
株価収益率	(倍)	40. 08	43. 38	72. 24	47. 13	44. 85
配当性向	(%)	11. 8	20. 6	27. 3	17. 2	22. 3
従業員数	(人)	2, 388	2, 511	2, 607	2, 599	2, 788
株主総利回り (比較指標：配当込みTOPIX)	(%) (%)	105. 9 (96. 2)	98. 7 (78. 4)	165. 5 (125. 9)	172. 0 (122. 0)	189. 8 (126. 6)
最高株価	(円)	71, 830	77, 470 □40, 520	59, 310	76, 210	62, 210
最低株価	(円)	50, 780	58, 520 □28, 905	30, 540	49, 560	44, 880

(注) 1 潜在株式調整後1株当たり当期純利益については，潜在株式が存在しないため記載しておりません。

2 2019年11月21日付で普通株式1株につき2株の割合で株式分割を行っておりますが，第50期の期首に当該株式分割が行われたと仮定し，1株当たり純資産額，1株当たり当期純利益を算定しております。また，第51期の1株当たり配当額は中間配当を2019年11月21日付株式分割前の100円，期末配当を当該株式分割後の100円とし，年間配当額は単純合計額である200円を記載しております。

3　最高株価及び最低株価は，2022年4月4日より東京証券取引所プライム市場におけるものであり，それ以前については東京証券取引所市場第一部におけるものであります。また，□印は，当該株式分割を行ったことによる権利落後の最高・最低株価であります。

4「収益認識に関する会計基準」（企業会計基準第29号2020年3月31日）等を当事業年度の期首から適用しており，当事業年度に係る主要な経営指標等については，当該会計基準等を適用した後の指標等となっております。

2　沿革

年月	沿革
1972年3月	・兵庫県伊丹市において当社取締役名誉会長滝崎武光がリード電機を創立。自動制御機器，電子応用機器の開発，製造販売に着手。
1973年4月	・工場自動化用の各種センサを開発，製造販売開始。
1974年5月	・株式会社に改組し，兵庫県尼崎市にリード電機株式会社設立。
1981年6月	・本社を大阪府吹田市に移転。
1984年11月	・本社を大阪府高槻市に移転。
1985年3月	・アメリカに現地法人KEYENCE CORPORATION OF AMERICAを設立。
1985年9月	・大阪府高槻市に製造子会社クレポ株式会社（現 キーエンスエンジニアリング株式会社）を設立。
1986年10月	・ブランドと商号の統一を図るため，社名を株式会社キーエンスに変更。
1987年10月	・大阪証券取引所市場第二部に株式を上場。
1989年12月	・東京証券取引所市場第二部に株式を上場。
1990年5月	・ドイツに現地法人KEYENCE DEUTSCHLAND GmbHを設立。
1990年9月	・東京証券取引所及び大阪証券取引所市場第一部に上場。
1990年9月	・大阪府高槻市に生産管理センターを設立。
1994年8月	・大阪市に新本社・研究所を竣工。本社を移転。
2001年9月	・中国に現地法人KEYENCE（CHINA）CO., LTD.を設立。
2007年11月	・大阪府高槻市にロジスティクスセンターを設立。
2009年7月	・大阪市にクオリティ・ラボを設立。
2011年5月	・ブラジルに現地法人KEYENCE BRASIL COMERCIO DE PRODUTOS ELETRONICOS LTDA.を設立。
2011年8月	・インドに現地法人KEYENCE INDIA PVT. LTD.を設立。
2013年7月	・インドネシアに現地法人PT.KEYENCE INDONESIAを設立。

2014年3月	・ベトナムに現地法人KEYENCE VIETNAM CO., LTD.を設立。
2016年7月	・フィリピンに現地法人KEYENCE PHILIPPINES INC.を設立。
2022年4月	・東京証券取引所の市場区分の見直しにより，東京証券取引所市場第一部からプライム市場に移行。

3 事業の内容

当社の関係会社は，当社，連結子会社28社，関連会社1社（2023年3月20日現在）により構成され，その主な事業内容は，電子応用機器の製造及び販売であります。

事業内容と当社及び関係会社の当該事業に係る位置付けは，次のとおりであります。

(1) 電子応用機器の製造及び販売

当社が商品の開発，製造及び販売を行っているほか，キーエンスソフトウェア（株）は当社商品のソフトウェア開発，キーエンスエンジニアリング（株）は当社商品の製造を行っております。さらに北米・中南米ではKEYENCE CORPORATION OF AMERICAほか3社，欧州ではKEYENCE DEUTSCHLAND GmbHほか4社，アジアではKEYENCE（CHINA）CO., LTD.ほか11社の子会社等を通じて販売を行っております。

(2) その他の事業

（株）エスコが不動産業を営んでおります。

（株）イプロスが広告・マーケティング業を営んでおります。

---

point 沿革

どのように創業したかという経緯から現在までの会社の歴史を年表で知ることができる。過去に行った重要なM&Aなどがいつ行われたのか，ブランド名はいつから使われているのか，いつ頃から海外進出を始めたのか，など確認することができて便利だ。

事業の系統図は次のとおりであります。

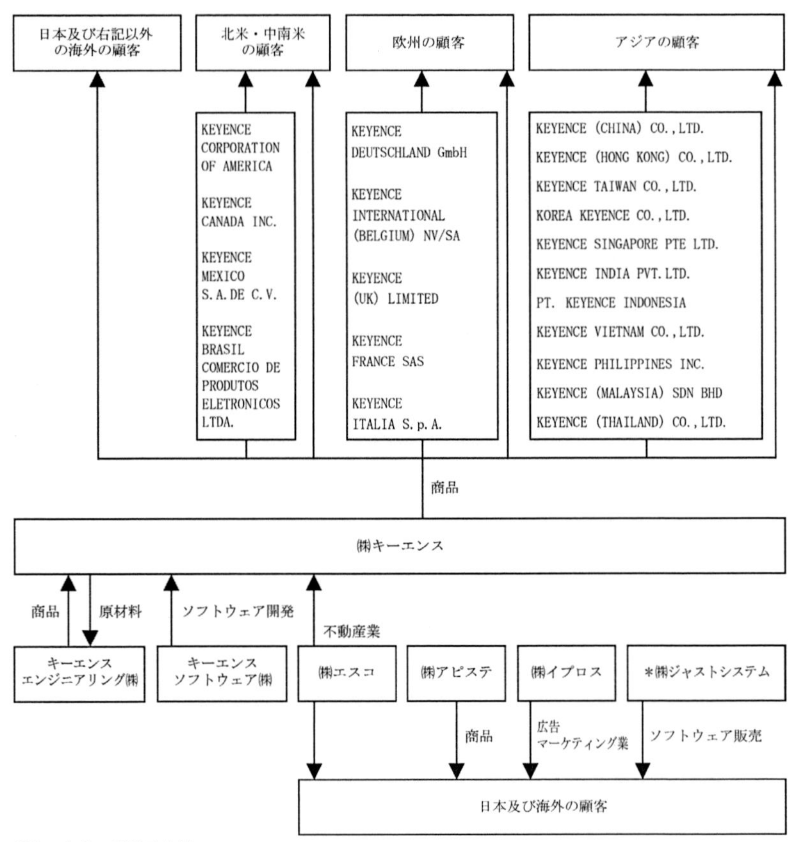

日本及び右記以外の海外の顧客
北米・中南米の顧客
欧州の顧客
アジアの顧客
KEYENCE CORPORATION OF AMERICA
KEYENCE CANADA INC.
KEYENCE MEXICO S.A.DE C.V.
KEYENCE BRASIL COMERCIO DE PRODUTOS ELETRONICOS LTDA.
KEYENCE DEUTSCHLAND GmbH
KEYENCE INTERNATIONAL (BELGIUM) NV/SA
KEYENCE (UK) LIMITED
KEYENCE FRANCE SAS
KEYENCE ITALIA S.p.A.
KEYENCE (CHINA) CO.,LTD.
KEYENCE (HONG KONG) CO.,LTD.
KEYENCE TAIWAN CO.,LTD.
KOREA KEYENCE CO.,LTD.
KEYENCE SINGAPORE PTE LTD.
KEYENCE INDIA PVT.LTD.
PT. KEYENCE INDONESIA
KEYENCE VIETNAM CO.,LTD.
KEYENCE PHILIPPINES INC.
KEYENCE (MALAYSIA) SDN BHD
KEYENCE (THAILAND) CO.,LTD.
商品
㈱キーエンス
商品
原材料
ソフトウェア開発
不動産業
キーエンスエンジニアリング㈱
キーエンスソフトウェア㈱
㈱エスコ
㈱アピステ
㈱イプロス
*㈱ジャストシステム
商品
広告マーケティング業
ソフトウェア販売
日本及び海外の顧客

（注）　無印　連結子会社
　　　　＊　持分法適用会社

4 関係会社の状況

(1) 連結子会社

名称	住所	資本金	主要な事業の内容	議決権の所有割合(%)	関係内容
キーエンスエンジニアリング株式会社	大阪府高槻市	百万円 30	電子応用機器の製造	100	1 役員の兼任等 有 2 営業上の取引 当社商品の製造
KEYENCE CORPORATION OF AMERICA (注) 1、4	アメリカ	千USD 100	電子応用機器の販売	100	1 役員の兼任等 有 2 営業上の取引 当社商品の販売
KEYENCE DEUTSCHLAND GmbH	ドイツ	千EUR 306	電子応用機器の販売	100	1 役員の兼任等 有 2 営業上の取引 当社商品の販売
KEYENCE (UK) LIMITED	イギリス	千GBP 300	電子応用機器の販売	100	1 役員の兼任等 有 2 営業上の取引 当社商品の販売
KEYENCE SINGAPORE PTE LTD.	シンガポール	千SGD 600	電子応用機器の販売	100	1 役員の兼任等 有 2 営業上の取引 当社商品の販売
KEYENCE (MALAYSIA) SDN BHD	マレーシア	千MYR 1,100	電子応用機器の販売	100	1 役員の兼任等 有 2 営業上の取引 当社商品の販売
KEYENCE FRANCE SAS	フランス	千EUR 2,000	電子応用機器の販売	100	1 役員の兼任等 有 2 営業上の取引 当社商品の販売
KEYENCE (THAILAND) CO.,LTD.	タイ	百万THB 113	電子応用機器の販売	100	1 役員の兼任等 有 2 営業上の取引 当社商品の販売
KEYENCE TAIWAN CO.,LTD.	台湾	百万TWD 15	電子応用機器の販売	100	1 役員の兼任等 有 2 営業上の取引 当社商品の販売
KEYENCE (HONG KONG) CO.,LTD.	香港	千HKD 5,000	電子応用機器の販売	100	1 役員の兼任等 有 2 営業上の取引 当社商品の販売
KEYENCE (CHINA) CO.,LTD. (注) 1、4	中国	百万CNY 100	電子応用機器の販売	100	1 役員の兼任等 有 2 営業上の取引 当社商品の販売
KEYENCE ITALIA S.p.A. (注) 3	イタリア	千EUR 800	電子応用機器の販売	100 (10)	1 役員の兼任等 有 2 営業上の取引 当社商品の販売
KEYENCE CANADA INC.	カナダ	千CAD 600	電子応用機器の販売	100	1 役員の兼任等 有 2 営業上の取引 当社商品の販売
KEYENCE MEXICO S.A. DE C.V.	メキシコ	千MXN 6,100	電子応用機器の販売	100	1 役員の兼任等 有 2 営業上の取引 当社商品の販売
KEYENCE INTERNATIONAL (BELGIUM) NV/SA	ベルギー	千EUR 2,000	電子応用機器の販売	100	1 役員の兼任等 有 2 営業上の取引 当社商品の販売
KEYENCE BRASIL COMERCIO DE PRODUTOS ELETRONICOS LTDA.	ブラジル	千BRL 7,000	電子応用機器の販売	100	1 役員の兼任等 有 2 営業上の取引 当社商品の販売
KEYENCE INDIA PVT.LTD. (注) 3	インド	百万INR 49	電子応用機器の販売	100 (0.1)	1 役員の兼任等 有 2 営業上の取引 当社商品の販売
KOREA KEYENCE CO.,LTD.	韓国	百万KRW 1,000	電子応用機器の販売	100	1 役員の兼任等 有 2 営業上の取引 当社商品の販売

point 事業の内容

会社の事業がどのようにセグメント分けされているか，そして各セグメントではどのようなビジネスを行っているかなどの説明がある。また最後に事業の系統図が載せてあり，本社，取引先，国内外子会社の製品・サービスや部品の流れが分かる。ただセグメントが多いコングロマリットをすぐに理解するのは簡単ではない。

名称	住所	資本金	主要な事業の内容	議決権の所有割合（%）	関係内容
PT. KEYENCE INDONESIA（注）3	インドネシア	百万IDR 7,928	電子応用機器の販売	100 (1)	1 役員の兼任等 有 2 営業上の取引 当社商品の販売
KEYENCE VIETNAM CO.,LTD.	ベトナム	百万VND 18,972	電子応用機器の販売	100	1 役員の兼任等 有 2 営業上の取引 当社商品の販売
KEYENCE PHILIPPINES INC.	フィリピン	千USD 1,108	電子応用機器の販売	100	1 役員の兼任等 有 2 営業上の取引 当社商品の販売
株式会社アピステ	大阪府大阪市	百万円 100	電子応用機器の製造販売	100	役員の兼任等 有
株式会社エスコ	大阪府大阪市	百万円 70	不動産業	100	1 役員の兼任等 有 2 営業上の取引 当社グループ保有の不動産管理
株式会社イプロス	東京都港区	百万円 100	広告マーケティング業	100	役員の兼任等 有
キーエンスソフトウェア株式会社	大阪府大阪市	百万円 300	ソフトウェア開発	100	1 役員の兼任等 有 2 営業上の取引 当社グループのソフトウェア開発
その他3社					

（注）1 特定子会社であります。

2 上記子会社のうちには，有価証券届出書又は，有価証券報告書を提出している会社はありません。

3 議決権の所有割合欄の（ ）内は内数で間接所有割合であります。

4 KEYENCE CORPORATION OF AMERICA及びKEYENCE（CHINA）CO.,LTD.については，売上高（連結会社相互間の内部売上高を除く）の連結売上高に占める割合が10%を超えております。

主要な損益情報等	KEYENCE CORPORATION OF AMERICA	KEYENCE（CHINA）CO., LTD.
① 売上高	152,190百万円	152,029百万円
② 経常利益	10,752百万円	8,589百万円
③ 当期純利益	7,974百万円	6,509百万円
④ 純資産額	70,660百万円	46,106百万円
⑤ 総資産額	99,782百万円	107,591百万円

(2) 持分法適用関連会社

名称	住所	資本金	主要な事業の内容	議決権の所有割合（%）	関係内容
株式会社ジャストシステム（注）	徳島県徳島市	百万円 10,146	ソフトウェアの開発、販売等	43.96	役員の兼任等 有

（注） 有価証券報告書の提出会社であります。

5 従業員の状況

(1) 連結会社の状況

2023年3月20日現在における従業員数（就業人員数）は，10,580人であります。

なお，当社グループは電子応用機器の製造・販売を中心に事業活動を展開する単一セグメントのため，セグメント別の記載を省略しております。

(2) 提出会社の状況

2023年3月20日現在

従業員数（人）	平均年令（才）	平均勤続年数（年）	平均年間給与（円）
2,788	35.8	12.1	22,793,975

（注）1 従業員数は就業人員数であります。
2 平均年間給与は，基準外賃金及び賞与を含んでおります。

(3) 労働組合の状況

労使関係について特に記載すべき事項はありません。

---

point 関係会社の状況

主に子会社のリストであり，事業内容や親会社との関係についての説明がされている。特に製造業の場合などは子会社の数が多く，すべてを把握することは難しいが，重要な役割を担っている子会社も多くある。有報の他の項目では一度も触れられていない場合が多いので，気になる会社については個別に調べておくことが望ましい。

事業の状況

1 経営方針，経営環境及び対処すべき課題等

文中の将来に関する事項は，当連結会計年度末現在において当社グループが判断したものであります。

(1) 経営方針

当社グループは「会社を永続させる」，「最小の資本と人で最大の付加価値を上げる」という考えのもと，全社員が一丸となり「付加価値の創造」と「事業効率」を追求してまいりました。社会における役割を的確に把握し，世の中の役に立つ付加価値の高い商品を生み出すことで社会に貢献し，持続的な成長と高い収益性の実現を常に目指していくことが，当社グループの経営における基本方針です。

(2) 客観的な経営指標

当社グループは世の中への貢献を測る客観的な経営指標として特に「売上高」，「売上総利益」，「営業利益」を注視しております。当社の事業はグローバルかつ幅広い業種・業界を対象に行っており，業績変動の要因となる生産設備，研究開発投資のほか，各国の経済動向などの影響を受ける可能性があることから，合理的な業績予想及び目標を算出することは困難であると考えております。しかしながら，これらの経営指標の最大化を常に目指して事業活動に取り組んでまいります。

(3) 経営環境及び優先的に対処すべき事業上及び財務上の課題

当社グループの事業を取り巻く市場環境は，新型コロナウイルス感染症の動向が経済に与える影響には注視する必要がありますが，中長期的には様々な技術革新に加え，自動化，品質の向上，研究開発投資などの需要拡大が期待されます。当社グループがこれらの変化や需要を的確に捉え，持続的な成長を続けるためには，人材の育成に加え「企画開発力の強化」「海外事業の拡大」が不可欠だと認識しております。

① 企画開発力の強化

付加価値の源泉は商品であるという認識のもと，当社の強みであるグローバル

直販体制を活かし，開発・営業部門が連携した商品の企画開発力を更に強化してまいります。グローバル市場の変化や潜在ニーズをより的確に捉えた商品を開発できる体制づくりを推進することにより，「世界初」「業界初」となる商品の持続的な創造を目指してまいります。当社はファクトリー・オートメーション向けのセンサ，測定器，画像システム機器，レーザマーカだけでなく，研究開発向けのマイクロスコープ，物流，小売向けのコードリーダを開発するなど，市場の変化に応じて企画開発を行ってまいりました。持続的な成長を実現するためには既存事業の拡大はもとより，新たな付加価値を創出していくことが課題の一つであると認識しており，M&Aを含めたあらゆる可能性を追求してまいります。

② 海外事業の拡大

海外市場においては，海外の市場規模と比べ当社商品の浸透度は未だ小さく，大きな成長余地があると考えております。そのような認識のもと，海外事業の更なる拡大を図るためには，国内と同様に直販体制の推進を図ることが重要であります。そのための方策として，現地組織体制および人材の育成による販売力の強化，強固なグローバル連携体制の構築に取り組み，海外市場での更なる成長を目指してまいります。

2 事業等のリスク

有価証券報告書に記載した事業の状況，経理の状況等に関する事項のうち，投資家の判断に重要な影響を及ぼす可能性があると認識している主要なリスクは以下のとおりであります。ただし，以下に記載された項目以外のリスクが生じた場合においても，当社グループの業績及び財務状況に重大な影響を及ぼす可能性があります。なお，文中における将来に関する事項は，当連結会計年度末現在において当社グループが判断したものであります。

(1) 経済動向

当社グループは日本国内及び北米・中南米，欧州，アジアにもわたって事業展開しているため，国内経済及び海外経済の動向等の変動の影響を受ける傾向にあります。これに対して当社グループでは，世界経済の動向を注視しながら特定の商品・顧客・地域に依存しないリスク分散対策を講じておりますが，国内及び海外経済に急激な変化が起きた場合には，当社グループの業績及び財務状況に影響を及ぼす可能性があります。

(2) 為替変動

当社グループでは外貨建で取引されている商品・サービス等のコスト及び価格は為替相場の影響を受ける傾向にあります。当社グループでは海外事業の展開を推し進め，取引拠点及び取引通貨を分散させることにより，特定の通貨価値に依存しない事業環境の構築に努めております。しかしながら，当社グループの現地通貨建の資産・負債，及び収益・費用は連結財務諸表作成の際には円換算されること，また，為替変動は製造業をはじめとする企業の研究開発投資や生産設備投資の動向にも影響を与えることから，当社グループの財務状況及び業績は為替相場の変動による影響を受けます。

(3) 情報セキュリティ

当社グループは事業上の重要情報及び事業の過程で入手した個人情報や取引先等の機密情報を保有しております。当社グループでは当該情報の盗難・紛失などを通じて第三者が不正流用することを防ぐため，社員及び委託先の情報リテラシー向上とITガバナンスの強化に取り組んでおります。また社内情報システムへの外部からの侵入防止対策も講じております。しかし，不測の事態によってこれらの情報の漏洩やインシデントが発生する可能性を完全に回避することは困難であり，また想定した防御レベルを上回る技術によるサイバー攻撃等などにより，当該情報の破壊・改ざん・流出・社内システム停止等が引き起こされる可能性もあります。これらの事態が起きた場合には，適切な対応を行うための費用負担が生じ，当社グループの業績及び財務状況に影響を及ぼす可能性があります。

(4) 海外事業の展開

海外での事業展開は当該地域の政治情勢，経済情勢，社会情勢，外貨・輸出入関連諸規制，地域的特殊性等といった種々の要素に関する変動の影響を受ける傾向にあります。また，当社グループは北米・中南米，欧州，アジアにおいても事業活動を行っておりますが，海外展開にあたっては採算性，市場拡大余地，為替変動リスク，地政学リスク，輸出入規制・環境規制・税制などの諸法規制リスク等を慎重に検討し総合的に判断することとしております。しかし，これらの要素に急激な変化が起きた場合には，当社グループの業績及び財務状況に影響を及ぼす可能性があります。

(5) 商品の品質 ……………………………………………………………………

当社グループは日本国内及び北米・中南米，欧州，アジアにもわたって事業活動を展開しており，国内外を問わず当該国の商品に関する法規制を遵守しなければなりません。当社グループではISO規格認定された品質マネジメントシステム・環境マネジメントシステムの構築による品質向上努力の継続，及びファブレス体制下でも当社の品質管理部門が生産を行う協力工場と連携するなど生産に深く関与することで責任ある商品の提供に努めております。しかし，想定しえない多様な環境下での商品使用による重大な品質問題や現時点での技術・管理レベルを超える事故などにより大規模なリコールが発生した場合や現行法規制の急激な強化・変更が生じた場合には，対応コストの増加を招き，当社グループの業績及び財務状況に影響を及ぼす可能性があります。

(6) 災害・事故等 ……………………………………………………………………

当社グループは事業活動を日本国内及び北米・中南米，欧州，アジアにもわたって展開しております。そのため，地震，津波，洪水，豪雨，落雷等の自然災害（気候変動によって発生するものも含む）や労働災害，火災・爆発事故，戦争，テロ行為，感染症の流行などが発生した場合に，当社グループの社員，設備等が大きな損害を被り，その一部の操業が中断し，生産・出荷に影響が及ぶ可能性および損害を被った場合の復旧費用が多額に発生する可能性があります。

加えて，これらの災害・事故等が部品等の供給業者や商品納入先等といった当社グループのサプライチェーンにおいて発生した場合にも，部品等の供給不足・中断，商品納入先における生産活動の休止または低下等により，当社グループの業績及び財務状況に影響を及ぼす可能性があります。

当社グループでは，特定の活動拠点・特定の供給業者・特定の商品・特定の顧客・特定の業種に依存しない経営体制を推し進めることで，リスクの分散に努めておりますが，これらの災害・事故等のリスク全てを回避することは困難であり，また，想定していない規模で発生した場合には当社グループの業績及び財務状況に影響を及ぼす可能性があります。

(7)　会計制度・税制度

当社グループは日本国内及び北米・中南米，欧州，アジアにもわたって事業活動を展開しており，各国・各地域の会計基準や税制の影響を受けます。当社グループは現在施行されている会計制度及び税制度を基準として事業活動を行っておりますが，各国で施行されている制度に関して，顧客の購買行動に変化を与えるような大幅な改変・強化・新規制導入などが生じた場合や関連当局との見解の相違が生じた場合には，対応・遵守コストの追加発生や追徴・二重課税が発生し，結果として当社グループの業績や財務状況に影響を及ぼす可能性があります。

(8)　地球環境の保全

当社グループは，自動制御機器，計測機器，情報機器および関連する電子応用機器，オプトエレクトロニクス機器ならびにこれらのシステムを開発，製造，販売しているため，国内外の様々な諸規制を遵守する必要があります。当社グループは，環境関連諸規制における要求事項の遵守は元より，環境保全に資する自主管理基準や環境方針を設定し，事業活動や商品を通じて環境保護をはじめとする社会的責任を果たしております。その一環として，有害な化学物質の不使用を含む化学物質管理体制やCO2排出抑制/削減のための電力使用量などの管理体制構築と維持推進，廃棄物の排出削減・省エネルギー活動・リサイクルの推進といった資源の有効利用などにも取り組んでおります。また，顧客における環境負荷低減活動に配慮した製品の設計・開発の推進といった環境負荷低減に資する環境マネジメントシステムの構築・維持などにも取り組み，継続的に改善を図ることで地球環境の保全と環境汚染の予防を推進しております。しかし，各種の法規制が変更又は新たに制定された場合は，その遵守対応のための費用が増加し，当

---

point 従業員の状況

主力セグメントや，これまで会社を支えてきたセグメントの人数が多い傾向があるのは当然のことだろう。上場している大企業であれば平均年齢は40歳前後だ。また労働組合の状況にページが割かれている場合がある。その情報を載せている背景として，労働組合の力が強く，人数を削減しにくい企業体質だということを意味している。

社グループの業績及び財務状況に影響を及ぼす可能性があります。

3　経営者による財政状態，経営成績及びキャッシュ・フローの状況の分析

経営者の視点による当社グループの経営成績等の状況に関する認識及び分析は次のとおりであります。なお，文中における将来に関する事項は，当連結会計年度末現在において判断したものであります。

(1)　経営成績等の状況の概要

①　財政状態及び経営成績の状況

当連結会計年度末の総資産は，前連結会計年度末に比べ326,392百万円増加し，2,650,429百万円となりました。これは，投資有価証券が266,982百万円増加したことなどによるものであります。

当連結会計年度末の負債は，前連結会計年度末に比べ8,341百万円増加し，158,795百万円となりました。これは，支払手形及び買掛金が2,470百万円増加したことなどによるものであります。

当連結会計年度末の純資産合計は，前連結会計年度末に比べ318,051百万円増加し，2,491,634百万円となりました。これは，利益剰余金が302,035百万円増加したことなどによるものであります。

当連結会計年度における売上高は，為替変動や製造業をはじめとする企業の研究開発投資や生産設備投資動向等の影響により，前連結会計年度に比べ167,247百万円増加し，922,422百万円（前年同期比22.1％増）となりました。営業利益は売上高の増加により，前連結会計年度に比べ80,869百万円増加し，498,914百万円（同19.3％増），経常利益は受取利息の増加などにより，前連結会計年度に比べ81,590百万円増加し，512,830百万円（同18.9％増），親会社株主に帰属する当期純利益は前連結会計年度に比べ59,603百万円増加し，362,963百万円（同19.6％増）となりました。

(2)　経営者の視点による経営成績等の状況に関する分析・検討内容

①　重要な会計方針及び見積り

当社グループの連結財務諸表は，わが国において一般に公正妥当と認められて

---

point　業績等の概要

この項目では今期の売上や営業利益などの業績がどうだったのか，収益が伸びたあるいは減少した理由は何か，そして伸ばすためにどんなことを行ったかということがセグメントごとに分かる。現在，会社がどのようなビジネスを行っているのか最も分かりやすい箇所だと言える。

いる会計基準に基づき作成しております。連結財務諸表の作成に際しましては，当連結会計年度末における資産・負債の報告数値及び当連結会計年度における収益・費用の金額に影響を与える重要な会計方針につきましては，「第5 経理の状況」の「1連結財務諸表等（1）連結財務諸表 注記事項（連結財務諸表作成のための基本となる重要な事項）」に記載のとおりであります。

② 経営成績

当連結会計年度の世界経済は，一部地域に弱さがみられたものの，緩やかな持ち直しの動きが続きました。米国では消費や設備投資の緩やかな拡大が続き，アジアでは一部に景気の弱さがみられました。欧州では設備投資が底堅く推移し，国内においては設備投資に持ち直しの動きが続きました。

こうしたなか，当社グループといたしましては，中長期的な成長を維持する観点からも，企画開発面での充実，営業面での強化を図ってまいりました。企画開発面では，三次元画像寸法測定器や小型セーフティドアセンサ等の新商品の開発を行い，営業面では，海外販売体制の強化を図ってまいりました。

当連結会計年度における売上高 は922,422百万円（前年同期比22.1％増），営業利益は498,914百万円（同19.3％増），経常利益は512,830百万円（同18.9％増），親会社株主に帰属する当期純利益は362,963百万円（同19.6％増）となりました。

地域ごとの業績を示すと次のとおりであります。

イ 国内

日本では，設備投資に持ち直しの動きが続きました。こうしたなか，新商品の投入や営業体制の充実に努め，売上高は348,079百万円（前年同期比12.2％増）となりました。

ロ 海外

海外では，一部地域に弱さがみられたものの，緩やかな持ち直しの動きが続きました。こうしたなか，人材の採用・育成を中心に営業体制の強化に努め，売上高は574,342百万円（前年同期比29.1％増）となりました。

③ 経営成績に重要な影響を与える要因

当社グループの経営成績に重要な影響を与える要因については，「第2 事業の状況」の「2　事業等のリスク」に記載のとおりであります。

④　財政状態，キャッシュ・フロー，資本の財源及び資金の流動性

当連結会計年度末の総資産は，前連結会計年度末に比べ326,392百万円増加し，2,650,429百万円となり，当連結会計年度末の負債は，前連結会計年度末に比べ8,341百万円増加し，158,795百万円となりました。当連結会計年度末の純資産合計は，前連結会計年度末に比べ318,051百万円増加し，2,491,634百万円となりました。また，当連結会計年度末における現金及び現金同等物（以下「資金」という。）は，前連結会計年度末に比べ52,162百万円（13.2%）減少し，344,002百万円となりました。なお，当連結会計年度における各活動におけるキャッシュ・フローの状況は，次のとおりであります。

（営業活動によるキャッシュ・フロー）

当連結会計年度における営業活動による資金の増加額は，302,628百万円となりました。これは，当連結会計年度の税金等調整前当期純利益を512,830百万円計上したことなどによるものであります。

（投資活動によるキャッシュ・フロー）

当連結会計年度における投資活動による資金の減少額は，283,487百万円となりました。これは，有価証券が229,974百万円増加したことなどによるものであります。

（財務活動によるキャッシュ・フロー）

当連結会計年度における財務活動による資金 の減少額は，63,666百万円となりました。これは，配当金を60,631百万円支払ったことなどによるものであります。

当社グループの資金需要の主な内容は，営業活動に必要な資金及び企画開発面における研究開発資金であり，これらの調達方法につきましては，営業活動により獲得した資金を充当することとしております。なお，重要な設備投資の計画につきましては，「第3 設備の状況」の「3 設備の新設，除却等の計画」に記載のとおりであります。

⑤　経営方針・経営戦略，経営上の目標の達成状況を判断するための客観的な指標等

当社グループの経営方針及び経営指標については，「第2 事業の状況」の「1 経営方針，経営環境及び対処すべき課題等」における「(1) 経営方針」及び「(2) 客観的な経営指標」に記載のとおりであります。なお，当社は経営上の目標の達成状況を判断するための客観的な指標は定めておりませんが，世の中への貢献を測る客観的な経営指標として特に「売上高」，「売上総利益」，「営業利益」を注視しており，これらの経営指標の最大化を常に目指して事業活動に取り組んでまいります。

(3)　生産，受注及び販売の実績

①　生産実績

当連結会計年度の生産実績は，978,898百万円となりました。生産実績は販売価格によっております。

②　受注実績

当社は即納体制を敷いているため，受注はほぼ売上高と均衡しており，受注残高に重要性はありません。

③　販売実績

当連結会計年度の販売実績は，922,422百万円となりました。なお，販売実績が総販売実績の100分の10以上となる相手先はないため，主要な顧客別の売上状況は記載を省略しております。

設備の状況

1 設備投資等の概要

当社グループの当連結会計年度における設備投資は，事業用土地並びに新商品用の金型等の工具，器具及び備品を主なものとして総額39,345百万円となりました。

2 主要な設備の状況

当社グループにおける主要な設備は，以下のとおりであります。

なお，当社グループは電子応用機器の製造・販売を中心に事業活動を展開する単一セグメントのため，セグメント別の記載を省略しております。

(1) 提出会社

2023年3月20日現在

事業所 (所在地)	設備の内容	帳簿価額（百万円）					従業員数 (人)
		建物 及び構築物	工具、器具 及び備品	土地 (面積千㎡)	その他	合計	
本社・研究所 (大阪府大阪市)	製造・研究開発 貿易・管理業務設備	2,139	3,924	−	923	6,987	792
物流センター (大阪府高槻市)	物流業務設備	970	586	28,634 (52)	0	30,191	5
品質評価施設 (大阪府大阪市)	研究開発	406	0	−	−	406	39
高槻事業所 (大阪府高槻市)	製造・研究開発 管理業務設備	284	61	−	−	345	70

(注) 1 帳簿価額「その他」は，機械装置及び運搬具並びに建設仮勘定であります。

2 当連結会計年度において事業用土地（予定）を購入いたしました。本土地は2024年3月まで賃貸する予定であります。

(2) 国内子会社

2023年3月20日現在

会社名	設備の内容	帳簿価額（百万円）				従業員数 (人)
		建物 及び構築物	工具、器具 及び備品	土地 (面積千㎡)	合計	
㈱エスコ	当社グループの 事業用土地他	526	0	7,027 (38)	7,553	−

3　設備の新設，除却等の計画

記載すべき事項はありません。

提出会社の状況

1　株式等の状況

(1)　株式の総数等

① 株式の総数

種類	発行可能株式総数（株）
普通株式	600,000,000
計	600,000,000

② 発行済株式

種類	事業年度末現在 発行数（株） (2023年3月20日)	提出日現在 発行数（株） (2023年6月15日)	上場金融商品取引所名 又は登録認可金融商品 取引業協会名	内容
普通株式	243,207,684	243,207,684	東京証券取引所 プライム市場	単元株式数 100株
計	243,207,684	243,207,684	－	－

経理の状況

1　連結財務諸表及び財務諸表の作成方法について

(1)　当社の連結財務諸表は，「連結財務諸表の用語，様式及び作成方法に関する規則」(昭和51年大蔵省令第28号) に基づいて作成しております。

(2)　当社の財務諸表は「財務諸表等の用語, 様式及び作成方法に関する規則」(昭和38年大蔵省令第59号。以下「財務諸表等規則」という。) に基づいて作成しております。

また，当社は，特例財務諸表提出会社に該当し，財務諸表等規則第127条の規定により財務諸表を作成しております。

2　監査証明について

当社は，金融商品取引法第193条の2第1項の規定に基づき，連結会計年度(2022年3月21日から2023年3月20日まで)の連結財務諸表及び事業年度(2022年3月21日から2023年3月20日まで) の財務諸表について，有限責任監査法人トーマツにより監査を受けております。

3　連結財務諸表等の適正性を確保するための特段の取組みについて

当社は，連結財務諸表等の適正性を確保するための特段の取組みとして，公益財団法人財務会計基準機構に加入し，会計基準等の内容を適切に把握できるよう適宜必要な情報を入手しております。

1 連結財務諸表等

(1) 連結財務諸表

① 連結貸借対照表

（単位：百万円）

	前連結会計年度 (2022年3月20日)	当連結会計年度 (2023年3月20日)
資産の部		
流動資産		
現金及び預金	464,296	433,656
受取手形及び売掛金	247,901	※3 297,785
有価証券	540,276	506,802
棚卸資産	※2 62,072	※2 87,389
その他	8,561	11,619
貸倒引当金	△538	△1,155
流動資産合計	1,322,569	1,336,098
固定資産		
有形固定資産		
建物及び構築物	23,983	26,660
減価償却累計額	△17,368	△18,659
建物及び構築物（純額）	6,615	8,000
工具、器具及び備品	46,640	54,100
減価償却累計額	△38,520	△43,869
工具、器具及び備品（純額）	8,120	10,231
土地	7,060	35,662
その他	11,228	22,014
減価償却累計額	△6,642	△8,602
その他（純額）	4,585	13,411
有形固定資産合計	26,382	67,305
無形固定資産		
その他	3,516	3,692
無形固定資産合計	3,516	3,692
投資その他の資産		
投資有価証券	※1 939,748	※1 1,206,730
長期性預金	14,227	15,907
繰延税金資産	12,005	12,562
その他	5,650	8,195
貸倒引当金	△61	△61
投資その他の資産合計	971,569	1,243,333
固定資産合計	1,001,467	1,314,331
資産合計	2,324,037	2,650,429

（単位：百万円）

	前連結会計年度 (2022年3月20日)	当連結会計年度 (2023年3月20日)
負債の部		
流動負債		
支払手形及び買掛金	15, 911	18, 381
未払法人税等	89, 667	81, 713
賞与引当金	14, 360	15, 697
その他	26, 613	33, 468
流動負債合計	146, 552	149, 261
固定負債		
その他	3, 901	9, 533
固定負債合計	3, 901	9, 533
負債合計	150, 453	158, 795
純資産の部		
株主資本		
資本金	30, 637	30, 637
資本剰余金	30, 541	30, 541
利益剰余金	2, 101, 779	2, 403, 814
自己株式	△3, 785	△3, 796
株主資本合計	2, 159, 171	2, 461, 196
その他の包括利益累計額		
その他有価証券評価差額金	3, 428	2, 278
為替換算調整勘定	10, 986	28, 161
退職給付に係る調整累計額	△3	△2
その他の包括利益累計額合計	14, 411	30, 437
純資産合計	2, 173, 583	2, 491, 634
負債純資産合計	2, 324, 037	2, 650, 429

② 連結損益計算書及び連結包括利益計算書

連結損益計算書

（単位：百万円）

	前連結会計年度 （自 2021年3月21日 至 2022年3月20日）	当連結会計年度 （自 2022年3月21日 至 2023年3月20日）
売上高	755, 174	922, 422
売上原価	133, 984	167, 690
売上総利益	621, 190	754, 732
販売費及び一般管理費	※1,※2 203, 145	※1,※2 255, 817
営業利益	418, 045	498, 914
営業外収益		
受取利息	561	2, 033
持分法による投資利益	4, 983	5, 624
為替差益	6, 695	5, 262
雑収入	1, 117	1, 245
営業外収益合計	13, 356	14, 166
営業外費用		
雑損失	161	251
営業外費用合計	161	251
経常利益	431, 240	512, 830
税金等調整前当期純利益	431, 240	512, 830
法人税、住民税及び事業税	132, 405	149, 682
法人税等調整額	△4, 524	183
法人税等合計	127, 880	149, 866
当期純利益	303, 360	362, 963
親会社株主に帰属する当期純利益	303, 360	362, 963

連結包括利益計算書

（単位：百万円）

	前連結会計年度 （自 2021年3月21日 至 2022年3月20日）	当連結会計年度 （自 2022年3月21日 至 2023年3月20日）
当期純利益	303, 360	362, 963
その他の包括利益		
その他有価証券評価差額金	△1, 989	△1, 150
為替換算調整勘定	7, 911	17, 182
持分法適用会社に対する持分相当額	△15	△6
その他の包括利益合計	※ 5, 905	※ 16, 026
包括利益	309, 265	378, 990
（内訳）		
親会社株主に係る包括利益	309, 265	378, 990

③　連結株主資本等変動計算書

前連結会計年度（自　2021年3月21日　至　2022年3月20日）

（単位：百万円）

	株主資本				
	資本金	資本剰余金	利益剰余金	自己株式	株主資本合計
当期首残高	30,637	30,541	1,846,924	△3,763	1,904,339
会計方針の変更による累積的影響額					–
会計方針の変更を反映した当期首残高	30,637	30,541	1,846,924	△3,763	1,904,339
当期変動額					
剰余金の配当			△48,505		△48,505
親会社株主に帰属する当期純利益			303,360		303,360
自己株式の取得				△22	△22
株主資本以外の項目の当期変動額（純額）					
当期変動額合計	–	–	254,854	△22	254,832
当期末残高	30,637	30,541	2,101,779	△3,785	2,159,171

	その他の包括利益累計額				純資産合計
	その他有価証券評価差額金	為替換算調整勘定	退職給付に係る調整累計額	その他の包括利益累計額合計	
当期首残高	5,418	3,085	2	8,505	1,912,844
会計方針の変更による累積的影響額					–
会計方針の変更を反映した当期首残高	5,418	3,085	2	8,505	1,912,844
当期変動額					
剰余金の配当					△48,505
親会社株主に帰属する当期純利益					303,360
自己株式の取得					△22
株主資本以外の項目の当期変動額（純額）	△1,989	7,900	△5	5,905	5,905
当期変動額合計	△1,989	7,900	△5	5,905	260,738
当期末残高	3,428	10,986	△3	14,411	2,173,583

当連結会計年度（自　2022年3月21日　至　2023年3月20日）

（単位：百万円）

	株主資本				
	資本金	資本剰余金	利益剰余金	自己株式	株主資本合計
当期首残高	30,637	30,541	2,101,779	△3,785	2,159,171
会計方針の変更による累積的影響額			△296		△296
会計方針の変更を反映した当期首残高	30,637	30,541	2,101,482	△3,785	2,158,875
当期変動額					
剰余金の配当			△60,631		△60,631
親会社株主に帰属する当期純利益			362,963		362,963
自己株式の取得				△10	△10
株主資本以外の項目の当期変動額（純額）					
当期変動額合計	−	−	302,332	△10	302,321
当期末残高	30,637	30,541	2,403,814	△3,796	2,461,196

	その他の包括利益累計額				純資産合計
	その他有価証券評価差額金	為替換算調整勘定	退職給付に係る調整累計額	その他の包括利益累計額合計	
当期首残高	3,428	10,986	△3	14,411	2,173,583
会計方針の変更による累積的影響額					△296
会計方針の変更を反映した当期首残高	3,428	10,986	△3	14,411	2,173,286
当期変動額					
剰余金の配当					△60,631
親会社株主に帰属する当期純利益					362,963
自己株式の取得					△10
株主資本以外の項目の当期変動額（純額）	△1,150	17,175	0	16,026	16,026
当期変動額合計	△1,150	17,175	0	16,026	318,348
当期末残高	2,278	28,161	△2	30,437	2,491,634

④　連結キャッシュ・フロー計算書

（単位：百万円）

	前連結会計年度 （自　2021年3月21日 至　2022年3月20日）	当連結会計年度 （自　2022年3月21日 至　2023年3月20日）
営業活動によるキャッシュ・フロー		
税金等調整前当期純利益	431,240	512,830
減価償却費	8,621	11,523
受取利息及び受取配当金	△646	△2,129
為替差損益（△は益）	△82	△140
持分法による投資損益（△は益）	△4,983	△5,624
売上債権の増減額（△は増加）	△53,099	△36,742
棚卸資産の増減額（△は増加）	△26,257	△23,961
仕入債務の増減額（△は減少）	5,334	2,358
賞与引当金の増減額（△は減少）	2,773	638
その他	3,981	△1,730
小計	366,881	457,021
利息及び配当金の受取額	1,804	2,490
法人税等の支払額	△97,210	△156,884
営業活動によるキャッシュ・フロー	271,476	302,628
投資活動によるキャッシュ・フロー		
定期預金の増減額（△は増加）	132,567	△12,659
有価証券の増減額（△は増加）	△136,490	△229,974
有形固定資産の取得による支出	△6,162	△39,345
その他	△1,049	△1,507
投資活動によるキャッシュ・フロー	△11,134	△283,487
財務活動によるキャッシュ・フロー		
自己株式の増減額（△は増加）	△22	△10
配当金の支払額	△48,505	△60,631
その他	△1,290	△3,024
財務活動によるキャッシュ・フロー	△49,817	△63,666
現金及び現金同等物に係る換算差額	△4,233	△7,636
現金及び現金同等物の増減額（△は減少）	206,290	△52,162
現金及び現金同等物の期首残高	189,875	396,165
現金及び現金同等物の期末残高	※396,165	※344,002

【注記事項】

（連結財務諸表作成のための基本となる重要な事項）

1　連結の範囲に関する事項

連結子会社の数　28社

主要な子会社名は，「第1　企業の概況　4　関係会社の状況」に記載のとおりであります。

2　持分法の適用に関する事項

関連会社1社（株式会社ジャストシステム）に持分法を適用しております。

3　連結子会社の事業年度等に関する事項

子会社のうちKEYENCE（CHINA）CO.,LTD.ほか在外子会社4社の決算日は12月末日，在外子会社1社の決算日は3月末日でありますが，連結財務諸表の作成に当たっては，2月末日で実施した仮決算に基づく財務諸表を使用しております。これら6社を除く在外子会社16社及び国内子会社1社の決算日は2月末日であります。これら17社について，連結財務諸表の作成に当たっては，同決算日現在の財務諸表を使用しております。

ただし，これらの仮決算日と連結決算日との間に発生した重要な取引については，連結上必要な調整を行っております。

4　会計方針に関する事項

（イ）　重要な資産の評価基準及び評価方法

その他有価証券

市場価格のない株式等以外のもの

決算日の市場価格等に基づく時価法（評価差額は全部純資産直入法により処理し，取得原価は移動平均法により算定）を採用しております。

市場価格のない株式等

移動平均法による原価法を採用しております。

棚卸資産

当社及び国内子会社は主として総平均法による原価法（収益性の低下による簿価切下げの方法），在外子会社は主として総平均法による低価法を採用しております。

（ロ）　重要な減価償却資産の減価償却の方法

有形固定資産

当社及び国内子会社は定率法を採用しております。ただし，2007年4月1日以降に取得した建物（附属設備を除く）並びに2016年4月1日以降に取得した建物附属設備及び構築物については定額法を採用しております。在外子会社は主として定額法を採用しております。

無形固定資産

主として定額法を採用しております。

(ハ)　重要な引当金の計上基準

貸倒引当金

債権の貸倒れによる損失に備えるため，当社及び国内子会社は一般債権については貸倒実績率により，貸倒懸念債権等特定の債権については個別に回収可能性を勘案し，回収不能見込額を計上しております。また，在外子会社は主として相手先の財政状態を個別に判定して回収不能見込額を計上しております。

賞与引当金

従業員に対する賞与支給に備えるため，賞与支給予想額のうち当連結会計年度負担額を計上しております。

(ニ)　重要な収益及び費用の計上基準

当社グループは,電子応用機器の製造・販売を行っております。当社グループの主な履行義務は，物品の販売であり，契約に基づき出荷時又は納品時に支配及びリスク負担が顧客に移転すると判断しております。なお，国内販売においては収益認識会計基準の適用指針第98項に定める代替的な取扱いを適用し，出荷時から当該商品又は製品の支配が顧客に移転される時までの期間が通常の期間である場合には，出荷時に収益を認識しております。

一部の電子応用機器に対する保守契約等は，時の経過につれて履行義務が充足されると判断されるため，契約期間にわたって均等に収益を認識しております。

(ホ)　連結キャッシュ・フロー計算書における資金の範囲

手許現金及び預入れ期間が３ヵ月以内の預金としております。

(重要な会計上の見積り)

当連結会計年度の連結財務諸表を作成するにあたって行った会計上の見積りのうち，翌連結会計年度の連結財務諸表に重要な影響を及ぼすリスクがあるものが識別されなかったため記載を省略しております。

（会計方針の変更）

（収益認識に関する会計基準等の適用）

「収益認識に関する会計基準」（企業会計基準第29号　2020年3月31日。以下「収益認識会計基準」という。）等を当連結会計年度の期首から適用し，約束した財又はサービスの支配が顧客に移転した時点で，当該財又はサービスと交換に受け取ると見込まれる金額で収益を認識することといたしました。

収益認識会計基準等の適用については，収益認識会計基準第84項ただし書きに定める経過的な取扱いに従っており，当連結会計年度の期首より前に新たな会計方針を遡及適用した場合の累積的影響額を，当連結会計年度の期首の利益剰余金に加減し，当該期首残高から新たな会計方針を適用しております。ただし，収益認識会計基準第86項に定める方法を適用し，当連結会計年度の期首より前までに従前の取扱いに従ってほとんどすべての収益の額を認識した契約に，新たな会計方針を遡及適用しておりません。

この結果，当該会計基準の適用が当連結会計年度の連結財務諸表に与える影響は軽微であります。

なお，収益認識会計基準第89-2項に定める経過的な取扱いに従って，前連結会計年度について新たな表示方法により組替えを行っておりません。さらに，収益認識会計基準第89-3項に定める経過的な取扱いに従って，前連結会計年度に係る「収益認識関係」注記については記載しておりません。

（時価の算定に関する会計基準等の適用）

「時価の算定に関する会計基準」（企業会計基準第30号　2019年7月4日。以下「時価算定会計基準」という。）等を当連結会計年度の期首から適用し，時価算定会計基準第19項及び「金融商品に関する会計基準」（企業会計基準第10号　2019年7月4日）第44-2項に定める経過的な取扱いに従って，時価算定会計基準等が定める新たな会計方針を将来にわたって適用することとしております。これによる連結財務諸表への影響はありません。

また，「金融商品関係」注記において，金融商品の時価のレベルごとの内訳等に関する事項等の注記を行うことといたしました。ただし，「金融商品の時価等

---

point 生産及び販売の状況

生産高よりも販売高の金額の方が大きい場合は，作った分よりも売れていることを意味するので，景気が良い，あるいは会社のビジネスがうまくいっていると言えるケースが多い。逆に販売額の方が小さい場合は製品が売れなく，在庫が増えて景気が悪くなっていると言える場合がある。

の開示に関する適用指針」（企業会計基準適用指針第19号　2019年7月4日）第7-4項に定める経過的な取扱いに従って，当該注記のうち前連結会計年度に係るものについては記載しておりません。

2　財務諸表等

(1)　財務諸表

①　貸借対照表

（単位：百万円）

	前事業年度 (2022年3月20日)	当事業年度 (2023年3月20日)
資産の部		
流動資産		
現金及び預金	351,041	274,390
受取手形	9,893	8,562
売掛金	※1 179,900	※1 228,614
電子記録債権	23,280	26,751
有価証券	532,476	499,002
棚卸資産	※2 49,382	※2 70,920
その他	4,045	6,036
貸倒引当金	△21	△26
流動資産合計	1,149,999	1,114,252
固定資産		
有形固定資産		
建物及び構築物	4,168	4,072
工具、器具及び備品	4,264	4,805
土地	－	28,634
その他	482	923
有形固定資産合計	8,915	38,436
無形固定資産		
その他	3,252	3,363
無形固定資産合計	3,252	3,363
投資その他の資産		
投資有価証券	910,216	1,172,043
関係会社株式	16,923	16,923
関係会社出資金	126	126
繰延税金資産	7,361	8,123
その他	1,697	1,932
貸倒引当金	△61	△61
投資その他の資産合計	936,263	1,199,087
固定資産合計	948,431	1,240,886
資産合計	2,098,430	2,355,139

point　対処すべき課題

有報のなかで最も重要であり注目すべき項目。今，事業のなかで何かしら問題があればそれに対してどんな対策があるのか，上手くいっている部分をどう伸ばしていくのかなどの重要なヒントを得ることができる。また今後の成長に向けた技術開発の方向性や，新規事業の戦略についての理解を深めることができる。

（単位：百万円）

	前事業年度 (2022年3月20日)	当事業年度 (2023年3月20日)
負債の部		
流動負債		
買掛金	13, 486	11, 488
未払法人税等	86, 983	79, 279
賞与引当金	8, 705	8, 886
その他	14, 589	17, 111
流動負債合計	123, 764	116, 766
固定負債		
その他	165	165
固定負債合計	165	165
負債合計	123, 929	116, 932
純資産の部		
株主資本		
資本金	30, 637	30, 637
資本剰余金		
資本準備金	30, 526	30, 526
その他資本剰余金	14	14
資本剰余金合計	30, 541	30, 541
利益剰余金		
利益準備金	692	692
その他利益剰余金		
別途積立金	1, 630, 803	1, 863, 803
繰越利益剰余金	282, 206	314, 070
利益剰余金合計	1, 913, 701	2, 178, 566
自己株式	△3, 785	△3, 796
株主資本合計	1, 971, 094	2, 235, 948
評価・換算差額等		
その他有価証券評価差額金	3, 407	2, 258
評価・換算差額等合計	3, 407	2, 258
純資産合計	1, 974, 501	2, 238, 206
負債純資産合計	2, 098, 430	2, 355, 139

② 損益計算書

（単位：百万円）

	前事業年度 （自 2021年3月21日 至 2022年3月20日）	当事業年度 （自 2022年3月21日 至 2023年3月20日）
売上高	※1 605,720	※1 709,736
売上原価	120,248	152,541
売上総利益	485,471	557,194
販売費及び一般管理費	※2 91,676	※2 103,037
営業利益	393,794	454,157
営業外収益	※1 8,998	※1 8,904
営業外費用	59	55
経常利益	402,733	463,006
税引前当期純利益	402,733	463,006
法人税、住民税及び事業税	122,708	137,340
法人税等調整額	△1,994	△127
法人税等合計	120,713	137,213
当期純利益	282,019	325,792

point 事業等のリスク

「対処すべき課題」の次に重要な項目。新規参入により長期的に価格競争が激しくなり企業の体力が奪われるようなことがあるため，その事業がどの程度参入障壁が高く安定したビジネスなのかなど考えるきっかけになる。また，規制や法律，訴訟なども企業によっては大きな問題になる可能性があるため，注意深く読む必要がある。

製造原価明細書

		前事業年度 (自 2021年3月21日 至 2022年3月20日)		当事業年度 (自 2022年3月21日 至 2023年3月20日)	
区分	注記番号	金額（百万円）	構成比 (%)	金額（百万円）	構成比 (%)
Ⅰ 材料費		99,234	74.3	127,540	76.1
Ⅱ 外注加工費		19,443	14.6	22,435	13.4
Ⅲ 労務費		3,803	2.8	3,991	2.4
Ⅳ 経費					
1 減価償却費		1,650		2,215	
2 製造消耗品費		2,316		3,328	
3 その他		7,027		8,091	
経費計		10,994	8.2	13,634	8.1
当期総製造費用		133,475	100.0	167,601	100.0
期首仕掛品棚卸高		5,724		9,130	
他勘定振替高	2	4,682		4,934	
期末仕掛品棚卸高		9,130		10,303	
当期製品製造原価		125,386		161,494	

（注）1 当社の原価計算は，組別工程別実際総合原価計算を採用しております。

2 他勘定振替高の内訳は，次のとおりであります。

前事業年度 (自 2021年3月21日 至 2022年3月20日)		当事業年度 (自 2022年3月21日 至 2023年3月20日)	
仕掛品他勘定振替高		仕掛品他勘定振替高	
固定資産へ振替	1,489百万円	固定資産へ振替	1,689百万円
販売費及び一般管理費へ振替	1,807	販売費及び一般管理費へ振替	1,680
その他	1,384	その他	1,564
合計	4,682	合計	4,934

③　株主資本等変動計算書

前事業年度（自　2021年3月21日　至　2022年3月20日）

（単位：百万円）

	株主資本							
	資本金	資本剰余金			利益剰余金			
		資本準備金	その他資本剰余金	資本剰余金合計	利益準備金	その他利益剰余金		利益剰余金合計
						別途積立金	繰越利益剰余金	
当期首残高	30, 637	30, 526	14	30, 541	692	1, 501, 803	177, 691	1, 680, 187
会計方針の変更による累積的影響額								
会計方針の変更を反映した当期首残高	30, 637	30, 526	14	30, 541	692	1, 501, 803	177, 691	1, 680, 187
当期変動額								
剰余金の配当							△48, 505	△48, 505
当期純利益							282, 019	282, 019
別途積立金の積立						129, 000	△129, 000	−
自己株式の取得								
株主資本以外の項目の当期変動額（純額）								
当期変動額合計	−	−	−	−	−	129, 000	104, 514	233, 514
当期末残高	30, 637	30, 526	14	30, 541	692	1, 630, 803	282, 206	1, 913, 701

	株主資本		評価・換算差額等		純資産合計
	自己株式	株主資本合計	その他有価証券評価差額金	評価・換算差額等合計	
当期首残高	△3, 763	1, 737, 602	5, 396	5, 396	1, 742, 998
会計方針の変更による累積的影響額		−			−
会計方針の変更を反映した当期首残高	△3, 763	1, 737, 602	5, 396	5, 396	1, 742, 998
当期変動額					
剰余金の配当		△48, 505			△48, 505
当期純利益		282, 019			282, 019
別途積立金の積立		−			−
自己株式の取得	△22	△22			△22
株主資本以外の項目の当期変動額（純額）			△1, 988	△1, 988	△1, 988
当期変動額合計	△22	233, 491	△1, 988	△1, 988	231, 503
当期末残高	△3, 785	1, 971, 094	3, 407	3, 407	1, 974, 501

当事業年度（自　2022年3月21日　至　2023年3月20日）

（単位：百万円）

	株主資本							
	資本金	資本剰余金			利益剰余金			
		資本準備金	その他資本剰余金	資本剰余金合計	利益準備金	その他利益剰余金		利益剰余金合計
						別途積立金	繰越利益剰余金	
当期首残高	30,637	30,526	14	30,541	692	1,630,803	282,206	1,913,701
会計方針の変更による累積的影響額							△296	△296
会計方針の変更を反映した当期首残高	30,637	30,526	14	30,541	692	1,630,803	281,909	1,913,405
当期変動額								
剰余金の配当							△60,631	△60,631
当期純利益							325,792	325,792
別途積立金の積立						233,000	△233,000	－
自己株式の取得								
株主資本以外の項目の当期変動額（純額）								
当期変動額合計	－	－	－	－	－	233,000	32,161	265,161
当期末残高	30,637	30,526	14	30,541	692	1,863,803	314,070	2,178,566

	株主資本		評価・換算差額等		純資産合計
	自己株式	株主資本合計	その他有価証券評価差額金	評価・換算差額等合計	
当期首残高	△3,785	1,971,094	3,407	3,407	1,974,501
会計方針の変更による累積的影響額		△296			△296
会計方針の変更を反映した当期首残高	△3,785	1,970,797	3,407	3,407	1,974,204
当期変動額					
剰余金の配当		△60,631			△60,631
当期純利益		325,792			325,792
別途積立金の積立		－			－
自己株式の取得	△10	△10			△10
株主資本以外の項目の当期変動額（純額）			△1,148	△1,148	△1,148
当期変動額合計	△10	265,150	△1,148	△1,148	264,002
当期末残高	△3,796	2,235,948	2,258	2,258	2,238,206

【注記事項】

（重要な会計方針）

1　有価証券の評価基準及び評価方法

子会社株式及び関連会社株式

移動平均法による原価法を採用しております。

その他有価証券

市場価格のない株式等以外のもの

時価法（評価差額は全部純資産直入法により処理し，取得原価は移動平均法により算定）を採用しております。

市場価格のない株式等

移動平均法による原価法を採用しております。

2　たな卸資産の評価基準及び評価方法

製品，原材料及び仕掛品

総平均法による原価法（収益性の低下による簿価切下げの方法）を採用しております。

3　固定資産の減価償却の方法

有形固定資産

当社は定率法を採用しております。ただし，2007年4月1日以降に取得した建物（附属設備を除く）並びに2016年4月1日以降に取得した建物附属設備及び構築物については定額法を採用しております。

無形固定資産

定額法を採用しております。

4　引当金の計上基準

(1)　貸倒引当金

債権の貸倒れによる損失に備えるため，一般債権については貸倒実績率により，貸倒懸念債権等特定の債権については個別に回収可能性を勘案し，回収不能見込額を計上しております。

(2)　賞与引当金

従業員に対する賞与支給に備えるため，賞与支給予想額のうち当事業年度負担額を計上しております。

5　収益及び費用の計上基準

当社は，電子応用機器の製造・販売を行っております。当社の主な履行義務は，物品の販売であり，契約に基づき出荷時又は納品時に支配及びリスク負担が顧客に移転すると判断しております。なお，国内販売においては収益認識会計基準の適用指針第98項に定める代替的な取扱いを適用し，出荷時から当該商品又は製品の支配が顧客に移転される時までの期間が通常の期間である場合には，出荷時に収益を認識しております。

一部の電子応用機器に対する保守契約等は，時の経過につれて履行義務が充足されると判断されるため，契約期間にわたって均等に収益を認識しております。

（重要な会計上の見積り）

当事業年度の財務諸表を作成するにあたって行った会計上の見積りのうち，翌事業年度の財務諸表に重要な影響を及ぼすリスクがあるものが識別されなかったため記載を省略しております。

（会計方針の変更）

（収益認識に関する会計基準等の適用）

「収益認識に関する会計基準」（企業会計基準第29号　2020年3月31日。以下「収益認識会計基準」という。）等を当事業年度の期首から適用し，約束した財又はサービスの支配が顧客に移転した時点で，当該財又はサービスと交換に受け取ると見込まれる金額で収益を認識することといたしました。

収益認識会計基準等の適用については，収益認識会計基準第84項ただし書きに定める経過的な取扱いに従っており，当事業年度の期首より前に新たな会計方針を遡及適用した場合の累積的影響額を，当事業年度の期首の利益剰余金に加減し，当該期首残高から新たな会計方針を適用しております。ただし，収益認識会計基準第86項に定める方法を適用し，当事業年度の期首より前までに従前の取扱いに従ってほとんどすべての収益の額を認識した契約に，新たな会計方針を遡及適用しておりません。

この結果，当該会計基準の適用が当事業年度の財務諸表に与える影響は軽微であります。なお，収益認識会計基準第89-2項に定める経過的な取扱いに従って，前事業年度について新たな表示方法により組替えを行っておりません。さらに，収益認識会計基準第89-3項に定める経過的な取扱いに従って，前事業年度に係る「収益認識関係」注記については記載しておりません。

（時価の算定に関する会計基準等の適用）

「時価の算定に関する会計基準」（企業会計基準第30号　2019年7月4日。以下「時価算定会計基準」という。）等を当事業年度の期首から適用し，時価算定会計基準第19項及び「金融商品に関する会計基準」（企業会計基準第10号　2019年7月4日）第44-2項に定める経過的な取扱いに従って，時価算定会計基準等が定める新たな会計方針を将来にわたって適用することとしております。これによる財務諸表への影響はありません。

第2章

電気機器業界の“今”を知ろう

企業の募集情報は手に入れた。しかし，それだけではまだ不十分。企業単位ではなく，業界全体を俯瞰する視点は，面接などでもよく問われる重要ポイントだ。この章では直近1年間の運輸業界を象徴する重大ニュースをまとめるとともに，今後の展望について言及している。また，章末には運輸業界における有名企業（一部抜粋）のリストも記載してあるので，今後の就職活動の参考にしてほしい。

▶▶かつての「お家芸」，復権なるか

電気機器 業界の動向

「電気機器」は，電気機器の製造に関わる業態である。インフラやプラントを手掛ける「重電」と，家庭用の洗濯機や冷蔵庫といった「家電」など，取り扱う製品によって大きく分類される。

❖ 総合電機メーカーの動向

電機産業は，自動車とともに日本の製造業を支えてきた重要な柱である。日立・東芝・三菱電機・ソニー・パナソニック・シャープ・NEC・富士通の，電機大手8社の売上合計は50兆円迫る。

かつては日本ブランドの象徴として，経済成長を支えてきた電機メーカーだが，2000年代に入り収益が悪化，リーマンショック以降，2017年まで売上は減少を続けてきた。低迷の理由としては，日本からの経済支援，技術供与などで中国や韓国のメーカーが急成長を果たし，個人向け電化製品（白モノ家電）や情報端末などで国産メーカーの価格競争力が低下したこと。また，日本の大手は発電設備などの重電からテレビ，白モノ家電に至るまで何でも手掛ける総合メーカーであるため，資本や技術が分散し，効率的な展開ができなかったことがあげられる。2008年以降の10年間で，売上を伸ばしたのは三菱電機のみ，純利益累計が黒字なのは，三菱，日立，富士通のわずか3社のみという厳しい市況から，各社とも経営改善に向けて，不採算事業の整理，優良事業の拡大など，構造転換を積極的に進めている。

●復活を目指す東芝，シャープ，パナソニック

東芝は，2015年の不正会計発覚，2016年度の米原子力事業子会社の法的整理に伴う大幅な赤字から，2017年には優良資産である半導体メモリ事業を売却して精算を行い，社会インフラ事業，メモリ以外の半導体事業，ICT（情報通信）事業の主要3部門を分社化した。今後は，各事業で経営の自立性や機動力を高め，経営再建に向けて競争力を強化していく。また，

2016年には白モノ家電事業を中国の美的集団（マイディア）に，2017年にはテレビ事業を手がける傘下の東芝映像ソリューションを中国の海信集団（ハイセンス）に，2018年にはパソコン事業をシャープに売却をしており，事業を整理しつつ収益改善に動いている。

東芝からパソコン事業を買い取り，同市場へ再参入を果たしたシャープは，2016年に台湾の鴻海（ホンハイ）精密工業に買収され，子会社となったあと，厳格なコスト削減を実施。親会社である鴻海の強みを活かしたパソコン事業のほか，長年培ってきた技術をもとに欧州で高級テレビ事業に参入するなど，新たな取り組みを行っており，2018年3月期には4年ぶりに黒字化を果たした。好採算の空気清浄機や調理家電が強みとなっている。

2011年に業績不振に陥ったパナソニックは，コンシューマー向け主体から企業向け主体へと方向転換をしており，自動車の電子化・電動化を見据えて，車載事業への取り組みを強化している。2017年10月には電気自動車（EV）に搭載するリチウムイオン電池の生産拠点を一斉に増産し，生産規模を2倍にした。2021年度の売上高は3兆6476円と国内では圧倒的な存在感を誇る。また，戦略投資としてM&Aなどに1兆円を投じ，海外においては，2015年に自動車部品メーカーであるスペインのフィコサ・インターナショナルの株式49％を取得，2016年には米国の業務用冷凍・冷蔵ショーケースメーカー・ハスマンの全株式を取得し，米国で食品流通事業を強化した。2017年には欧州の物流ソリューション会社のゼテス・インダストリーズの株式57.01％を取得している。国内でも，2017年には住宅事業を手がけるパナホームを完全子会社化するなど，活発な買収，再編を実施している。

●資源の集中，優良事業を拡大させる日立，三菱，ソニー

日立製作所は，2008年度に出した7873億円の純損失を機に，事業の選択を行い，社会インフラ事業に集中した。その結果，2010年，2011年度と連続最高純益でV字回復を果たした。この流れは継続中で，2016年もグループ会社の日立物流，日立キャピタルなど5社を実質的に売却した一方，2017年4月には英の昇降機企業と米国の空気圧縮機企業を買収。イタリアの鉄道車両・信号機メーカーも買収し，英国の実績とあわせて欧州での鉄道車両関連事業で存在感を増しており，目標のひとつであるグローバル展開も拡大している。海外の売上比率は2017年度の48％から50％に伸び，国内と同等規模になっている。

三菱電機は，携帯電話事業などから早々に撤退し，工場の自動化（FA）

など企業向けビジネスで業績を伸ばしており，日本の電機業界の中では数少ない「勝ち組」といわれている。2025年度までにFAシステム事業の売上を9000億円以上とする目的を掲げ，国内では2021年度までの稼働を目指し，2工場の新設を検討中。2018年6月には中国に工場を新設した。あわせて，中国拠点の増強やインドでの工場新設も検討を始めており，2021年度までに400億円を投資して，国内外をあわせた生産能力を4割程度引き上げる計画を進めている。また，2018年に勃発した米中貿易摩擦に対応して，中国で行っていた加工機2種の生産を国内工場に移管するなど，国際情勢に即した機敏な対応も行っている。

業績不振にあえいでいたソニーも，2018年3月期の純利益は4907億円と，過去最高益を達成した。ゲーム・ネットワークサービス，スマートフォン向け画像センサーといったIT関連部材など優良事業を強化しつつ，不振事業からの撤退や人員削減などで収益力を回復させ，テレビ事業では「量から質」へ転換し，4Kや有機ELなどの高級路線で欧米でのシェアを拡大させている。ただし，好調だった半導体事業は，スマートフォン市場の影響を受けやすい。スマートフォン自体が成熟期に入り，機能面での差別化が難しくなっているため，価格競争に陥りやすく，今後は納入する部品価格にもその影響が出てくることが予想される。2017年11月，2006年に販売終了した家庭用犬型ロボット「アイボ」を復活させ，その発表会で平井社長は「感動や好奇心を刺激するのがソニーのミッション」と強調した。すでにロボット型の掃除機が普及している家庭向けロボット市場は，潜在的な需要の見込まれる市場であり，新しいデバイスの導入による新しい価値の提供で市場を開拓することが期待される。

❖ 白モノ・生活家電の動向

日本電気工業会の調べでは，2022年度の白モノ家電の国内出荷金額は前年度比微増の2兆5887億円となった。新型コロナウイルスで在宅時間が増加し，自宅の生活を豊かにしようという特需が落ち着き，それに加えて半導体をはじめとする部品・部材不足が直撃したことが原因と見られる。

海外市場では，アジアなどの新興国において，世帯年収2万ドル以上の中間層が拡大している。それに伴い，白モノ家電の普及が進行中で，とくにドライヤーや炊飯器などの小型家電を中心に，さらなる需要拡大が見込まれている。

冷蔵庫，洗濯機，エアコンなど，生活必需品として手堅い需要のある白モノ家電だが，電機各社の経営戦略の流れのなかで，大きな転換を迫られている。東芝は2016年6月，白モノ家電事業を中国の美的集団に売却した。日立と三菱電機は売上規模を追わず，高付加価値製品に注力している。そんななかでパナソニックはシェアを伸ばし，エアコンやドラム式洗濯機など9市場で販売台数1位を獲得。国内家電市場全体でシェア3割近くを占め，過去30年で最高を更新した。パナソニックでは，エアコンや給湯システム，自動販売機や厨房機器といった食品流通，レンジ・食洗機などのスモール・ビルトインを高成長領域として積極的な投資を行い，グローバルでの成長を目指すという。

●注目を集めるIoT家電とこだわり家電

白モノ家電の新展開として注目されているのが，ネットと連動するIoT家電である。スマートフォンで操作できるエアコンやロボット掃除機などが次々と登場している。シャープから発売された電気無水鍋「ヘルシオ ホットクック」は無線LANを搭載しており，スマホからメニュー検索や遠隔操作などが可能になっている。また，人工知能（AI）によるメニュー提案も行う。家庭内でのIoTに関しては，2017年，電機メーカーを含めた大手企業やメーカーが集まり，業界の垣根を超えて「コネクティッドホーム アライアンス」を設立した。パナソニックをはじめ，東急やトヨタ自動車などの自動車メーカー，TOTO，LIXIL，YKKAPなどの住宅設備メーカー，中部電力や大阪ガスなどインフラ企業まで77社が名を連ねており，これまで各企業がバラバラに取り組むことでなかなか進展せず，世界から遅れをとっていた国内IoTの取り組みを推進するという。

また，こだわりの商品を手掛ける家電ベンチャーも活気づいている。バルミューダが販売するトースターは2万円という高額ながら，30万台を売る異例の大ヒットとなった。世界No.1の清浄能力を持つ空気清浄機やスタイリッシュな加湿器を販売するcado（カドー），全自動衣類折りたたみ機「ランドロイド」を開発したセブン・ドリーマーズ・ラボラトリーズなど，大手にはない視点でものづくりに挑んでいる。

❖ デジタル家電の動向

電子情報技術産業協会によれば，2022年の薄型テレビ国内出荷台数は486.6万台と前年度より急落した。巣篭もり特需による需要先食いが落ち着いたことに加えて，価格競争が激化したことが原因と見られる。

2017年以降，液晶に続く次世代モデルとして，有機ELテレビに注目が集まっている。有機ELテレビは，電圧をかけると有機材料自体が光る仕組みで，液晶よりも多彩な色彩を鮮やかに再現できる。また画面が5mm程度と薄く，重量も8kg程度で軽いうえに，消費電力も液晶テレビの1割程度で経済的である。国内では，2017年に東芝，パナソニック，ソニーが対応製品の販売を開始しており，当初は40万以上の高価格帯ばかりだったが，2018年に入り20万円台の商品も販売されるなど，低下傾向にある。海外では，ソニーが欧州の有機ELテレビ市場において，65インチは60％，55インチは70％と圧倒的なシェアを獲得している。世界全体のプレミアム製品市場でも44％のシェアとなっており，高級路線への切り替えに成功している。

オーディオ分野では，高解像度で音の情報量がCDの約6.5倍あるというハイレゾリューション（ハイレゾ）音源が人気を集めている。ハイレゾは，レコーディングスタジオやコンサートホールで録音されたクオリティーがほぼ忠実に再現できるといわれており，ヘッドホンや携帯音楽プレーヤーなど，ハイレゾ対応機器の市場に期待が集まっている。

●4K・8K放送の抱える問題

すでにCSの一部やケーブルテレビ，ネット動画サービスなどで4Kコンテンツは配信されているが，2018年12月にサービスが開始された新4K・8K衛星放送は4Kテレビへの移行を喚起する目玉のコンテンツといえる。ただ，放送開始前に販売されていた4K対応テレビの多くには，放送を受信するためのチューナーが内蔵されておらず，視聴にはチューナーを別途購入する必要がある。また，アンテナや配線の交換が必要となるケースもあるため，どこまで視聴者を増やせるか，疑問視する声もある。加えて，新4K・8K衛星放送を受信・視聴するには，放送の暗号化情報を解除するため，現行のB-CASカードに変わる「新CAS（ACAS）」チップが必要となる。このチップも，これまでに販売された4Kテレビには付与されていないため，視聴の際には別途，メーカーなどから提供を受けなければならなくなる。新4K・

8K衛星放送に関しては，サービスの開始時期やチューナー，新CASチップなど，告知が不十分な面もあり，今後のていねいな対応が求められている。

❖ パソコン・タブレット・携帯端末の動向

2022年度の国内パソコン（PC）出荷台数は前年比4.4％減の1123万台（IDC調べ）だった。新型コロナ影響でリモートワークが進んだことと，「GIGAスクール」などの学習環境のオンライン化が急速に進んだことの反動が要因と考えられる。

徐々に冷え込みを見せる国内事情と同様に，世界出荷台数も前年比2割減の2億9199万台となった。

ここ数年，PCの好調の皺寄せがきていたスマートフォンだが，2022年における世界の出荷台数は前年比減の12億550万台（米IDC調べ）となった。市場シェアでは，韓国サムスン電子が20以上％を占め首位をキープ，米アップルは18.8％で2位，中国のHuaweiは米政府の規制が影響し，世界上位5から転落した。国内では，2022年のスマートフォン出荷台数は2810万台。メーカー別では，アップルがトップ。シャープ，ソニーが続いている。

タブレットの2022年世界出荷台数は1億6280万台（米IDC調べ）。世界シェアの約半分を占めるアップルのiPadの21年5月発売の新製品効果により堅調な成長を見せている。スペックも向上し，ノートPCとの機能差，価格差は年々小さくなってきている。

❖ 半導体の動向

日本の半導体政策が大きな転機を迎えている。2022年8月に最先端半導体の国産化を目指す「ラピダス」が設立された。同社にはトヨタ自動車やソニーグループなど国内の主要企業8社が出資，経済産業省は2023年4月までに3300億円の助成を決めるなど全面的にバックアップしている。

半導体市場は，技術革新が著しく，巨額の研究開発費と設備投資によって高性能な製品開発を進めるビジネスといえる。IoTが普及すれば，家電や自動車から工場まで，あらゆるモノに半導体が搭載されることから，大きな需要増が見込まれる。そのため，世界の各企業は，これから到来するIoT

時代に備えてM&Aを進め，規模の拡大，製品ラインナップの拡充を目指している。

2015年，米アバゴ・テクノロジーは同業の米ブロードコムを約4.6兆円で買収した。2016年にはソフトバンクグループが約3.3兆円で英半導体設計大手のARMを買収しており，日本企業による海外企業買収では過去最大の規模となる。ソフトバンクグループは，2017年にも半導体メーカーのエヌビディアへ4000億円を投資している。また，2017年にはインテルが車載カメラや半導体メーカーのモービルアイを約1兆7000億円で買収している。なお，成功はしなかったが，2016年には米クアルコムがオランダのNXPを約5兆円で買収することを計画。2017年11月には，前述のブロードコムがクアルコムに約12兆円で買収を提案していた。

国内企業に関しては，2017年，東芝が半導体事業を売却したが，ソニーは画像センサーで世界首位を誇っている。画像センサーは，スマートフォン用カメラなどで，被写体の動きを感知して撮影できるように助けるシステムで，ソニーはアップルのiPhoneに搭載されるセンサーを納品しており，世界シェアは44%超となっている。

自動車用半導体を手掛ける国内大手ルネサスエレクトロニクスは，自動運転技術の進化を見据えて，2022年の車載半導体シェア30%を狙っており，2016年に米半導体メーカーのインターシルを約3400億円で買収した。また，2018年9月には，同じく米国のインテグレーテッド・デバイス・テクノロジー（IDT）を約7500億円で買収すると発表した。IDTはセンサーと無線技術に強く，これも自立走行車向けの展開を見据えた買収といえる。一方，半導体製造装置の日立国際電気は，日立グループを離れ米KKRの傘下に入っている。

高速通信規格「5G」の実用化を受けて，2020年移行，半導体市場は成長を続けていた。しかし，半導体メーカーの相次ぐ工場トラブルにより，世界的に半導体不足が深刻化している。

電気機器業界

直近の業界各社の関連ニュースを
ななめ読みしておこう。

白物家電出荷額、4～9月は3%減　猛暑でもエアコン低調

日本電機工業会（JEMA）が23日発表した民生用電気機器の4～9月の国内出荷額は前年同期比3.2%減の1兆3116億円だった。記録的な猛暑でもエアコンなどの出荷が低調だった。3月時点では2.5%増の1兆3894億円になると見込んでいたが、一転して2年ぶりの前年実績割れとなった。

円安や部材価格の上昇などで白物家電の単価は上昇傾向にある。一部の高機能機種が人気を集める一方で、多くの消費者は節約志向を強めている。JEMAは4～9月の国内出荷額が期初の見通しを下回った理由について、「単価の上昇よりも数量が前年を下回った影響が大きかった」と説明する。

品目別では出荷額に占める割合が大きいエアコンの出荷台数が514万5000台となり、前年同期に比べ8.9%減少した。23年の夏は記録的な猛暑となったものの、過去10年の4～9月の平均（518万9000台）をやや下回る水準だった。調査会社GfKジャパン（東京・中野）の新井沙織シニアマネージャーは「過去数年続いた高需要の反動が出た」と指摘する。

冷蔵庫の出荷台数は6.9%減の184万台だった。容量別で小・中容量帯は微増となったが、大容量帯は前年同期を下回った。メーカー関係者は「多少高価でも時短や手間の軽減に出費を惜しまない人と、そうでない人との二極化が進んでいる」と話す。

洗濯機の出荷台数は0.4%増の208万3000台だった。乾燥機能が付いているドラム式洗濯機は時短効果が高く、消費者からの人気を集めている。JEMAの統計でも洗濯乾燥機の出荷台数に占めるドラム式の構成比は初めて8割を超えた。

新型コロナウイルスの感染症法上の扱いが「5類」に移行した影響で、旅行などのレジャー消費は上向いている。外出機会の増加に伴ってドライヤーの出荷台数が4%増の228万2000台となるなど、理美容家電は好調だった。「インバウンド（訪日外国人）が回復し、お土産として買う需要が戻りつつある」（メーカー担当者）といった声もある。
電気代の高騰を受け、家庭での消費電力割合が一番高いエアコンでは省エネルギー性能が高い一部の高機能機種への関心が高まっている。三菱電機によると、人の脈波から感情を解析する機能を搭載した旗艦機種の販売数量は7月に前年同月比で3割増えた。
日立製作所の家電子会社、日立グローバルライフソリューションズ（GLS）は11月に発売するドラム式洗濯機から家電の「指定価格制度」を適用する。小売価格を指定する代わりに、売れ残った在庫の返品に応じる。
原材料価格の高騰や円安によって、製品単価の上昇は続く見通し。日立GLSは一定の需要がある高機能製品で利益率を確保する狙いだ。伊藤芳子常務は「適正な価格で購入してもらい、必要な商品開発サイクルの期間を確保したい」と話す。

（2023年10月23日　日本経済新聞）

Amazon、アレクサに生成AI搭載　「人間らしく会話」

米アマゾン・ドット・コムは20日、音声アシスタント「アレクサ」に生成人工知能（AI）技術を幅広く搭載すると発表した。同社のスマートスピーカーなどで利用者がより自然な会話をしたり、複雑な指示を出したりできるようになる。
東部バージニア州アーリントンの第2本社で新製品発表会を開いた。デバイス・サービス担当のデイブ・リンプ上級副社長が登壇し、アレクサは「（生成AIの技術基盤である）大規模言語モデルにより、まるで人間と話しているかのように速く応答できる」と強調した。
自社開発の大規模言語モデルをアレクサに組み込むことで、会話の文脈を踏まえた返答や、利用者の好みや関心に合わせた回答が可能になる。発表会では利用者がスポーツや料理についてアレクサに質問した後、友人に送るメッセージの作成を依頼すると、アレクサがスポーツや料理の話題を盛り込んで文章を作る実例を示した。
生成AIの搭載で会話表現が豊富になる。状況に応じてアレクサの音声のトーンを変え、利用者にとってより自然に聞こえるようにする。
生成AI機能はまず米国で2024年にかけて段階的に提供を始める。ソフトウエアの更新によりアレクサを高度化するため、旧型の端末でも利用できる。当初は無料とするが、将来は有料化を検討している。
22年秋以降、米オープンAIの対話型AI「Chat（チャット）GPT」をはじめとした生成AIが急速に普及した。アマゾンなどの音声アシスタントは従来、事前にプログラムされた範囲で会話や指示に応えることが多く、やりとりに柔軟に対応することが難しかった。
日本など米国以外での提供については「できるだけ早くあらゆる言語に対応したい」（デバイスの国際担当、エリック・サーニオ副社長）としている。
同日、スマートスピーカーやスマートホーム機器などハードウエアの新製品も披露した。
画面やカメラを備えるスマートスピーカーの新製品「エコーショー8」では画像認識技術を使い、利用者と端末の距離に応じて画面への表示内容を変える機能を搭載した。米国での価格は149ドル99セントからで、10月下旬に発売する。
アレクサで操作できる家電などをまとめて管理する端末として、8インチの画面を備えた「エコーハブ」を新たに売り出す。毎日決まった時間に照明と冷房を付けるなど、複数の家電にまたがる操作を一括で設定できる。日本でも販売し、価格は2万5980円。21日から注文を受け付ける。
アマゾンは23年5月、西部ワシントン州シアトルに続く第2本社をアーリントンに開いた。当初は第2本社を米東部ニューヨーク市と首都ワシントン近郊のアーリントンの2カ所に分割して設置すると表明したが、ニューヨークでは地元政治家らの反発を受けて19年に計画を撤回した経緯がある。
アーリントンの第2本社ではアマゾンの従業員約8000人が働く。新型コロナウイルスの感染拡大や働き方の変化を経て、一部の区画で着工を延期している。

（2023年9月21日　日本経済新聞）

サムスン、スマホも力不足　半導体不振で14年ぶり低収益

韓国サムスン電子が14年ぶりの低収益に苦しんでいる。27日発表の2023年4～6月期業績は営業利益が前年同期比95％減の6700億ウォン（約730億円）だった。半導体部門の巨額赤字を他部門の収益で穴埋めして辛うじて黒字を確保したものの、これまで補完役を担ってきたスマートフォン事業の収益力低下が鮮明になっている。
26日夜、ソウル市の大型展示場には世界各地からユーチューバーやインフル

エンサーが集結していた。その数、1100人。お目当てはサムスンの最新スマホの発表だ。
これまで欧米各都市で年2回実施してきた同社最大イベントを初めて母国で開催。「BTS（防弾少年団）」など人気グループのメンバーも駆けつけ、発表会に花を添えた。
サムスンはこの場で、折り畳みスマホの最新機種を公開した。スマホ事業を統括する盧泰文（ノ・テムン）社長は「わずか数年で数千万人の折り畳みスマホ利用者の笑みがあふれた。今後数年でその市場は1億台を超えるだろう」と自信を示した。
最新機種「ギャラクシーZフォールド5」と「ギャラクシーZフリップ5」を8月に発売する。最大の特徴は、既存製品と比べて折り畳んだ時の厚さが2ミリメートル薄く、よりコンパクトにポケットに収まる点だ。Zフリップ5では背面ディスプレーの表示面積を3.8倍に広げた改良点もある。
小型の「Zフリップ5」は背面ディスプレーの面積を3.8倍に広げた
ただ、価格帯やカメラ性能、メモリー容量などは現行モデルと変わらず、消費者の購買意欲を高められるかは見通しにくい。
買い替え頻度の低下はサムスンに限った問題ではない。スマホの技術革新の余地が年々狭まり、消費者の需要を喚起できなくなっている。消費者側が現状のスマホに満足し、機能拡充を求めなくなったという面もある。
この汎用品（コモディティー）化の進展とともに安価な中国製スマホが台頭したことで、首位サムスンのシェアはじりじりと低下した。世界シェアは13年時点の31%から22年に21%まで下がった。スマホ部門の営業利益は13年の25兆ウォンから、22年に11兆6700億ウォンへと半減した。
かつてサムスンは半導体とスマホ（携帯電話）の「二本柱」で稼ぐ収益構造だった。振れ幅の大きい半導体事業が不振の時はスマホ部門が補い、安定成長を続けた。さらにディスプレーと家電・テレビ部門を持ち、巨額の半導体投資の原資を生み出してきた。
10年代に入るとディスプレーと家電・テレビが中国勢との激しい競争にさらされて収益力が低下。スマホでも中国勢の追い上げが続き、気がつけば半導体事業に依存する「一本足」の収益構造が鮮明になった。
そこに直撃したのが14年ぶりの半導体不況だ。23年4～6月期の部門業績は、半導体が4兆3600億ウォンの営業赤字だったのに対し、スマホは3兆400億ウォンの黒字。ディスプレーが8400億ウォンの黒字、家電・テレビは7400億ウォンの黒字にとどまった。全体では何とか黒字を確保したものの、半導体以外の力不足が露呈した。
サムスンは新たな収益源を生み出そうと、汎用品化の波にあらがってきた。
今回発表した折り畳みスマホもその一つだ。半導体やディスプレーを自ら手掛ける「垂直統合型」のサムスンが自社と協力会社の技術を持ち寄って19年に新市場を切り開いた。
その後、競合他社も追従して市場自体は大きくなった。しかし技術革新の余地は早くも狭まり、サムスンにとって5代目となる23年モデルの機能拡充は小幅にとどまった。このまま機能の優位性を打ち出せなければ、収益がしぼむリスクがある。
サムスンの主要事業は中国企業との競争にさらされ、長期的に収益力が低下傾向にある。それが今回の半導体不況で改めて浮き彫りになった。6月末時点で10兆円超の現金性資産も活用し、新たな収益事業の確立を急ぐ必要性が高まっている。

（2023年7月27日　日本経済新聞）

省エネ家電購入へ自治体支援　電気代値上げ、申請殺到も

自治体が住民を対象に省エネ家電の購入支援策を相次ぎ打ち出している。富山県や横浜市では家電の省エネ性能などに応じて最大3万～4万円分を還元し、買い替えで家計の電気代負担を軽くする。6月に家庭向け電気料金の引き上げを各地で迎えるなか、申請が殺到し、開始から10日間で予算が尽きる自治体も出ている。
富山県は5月の補正予算に支援事業費として5億円を計上し、準備を進めている。各家電の省エネ性能を星印で示した国の「統一省エネラベル」の星の数などに応じて、エアコン、冷蔵庫、発光ダイオード（LED）照明を購入した県民に1000～4万円分のキャッシュレス決済のポイントを付与する。
例えば星が4つ以上かつ冷房能力3.6キロワット以上のエアコンならポイントは2万円分で、県内に本店がある登録事業者の店舗で購入した場合は2倍とする。ポイントの代わりに県産品と交換できるギフトカードも選べる。財源には国の地方創生臨時交付金を活用する。
政府の認可を受け、6月から中部、関西、九州を除く電力大手7社の家庭向け電気料金が引き上げられた。政府試算による標準的な家庭の値上げ幅は北陸電力が42%と最も高い。富山県の担当者は「電気代は生活への影響が大きく、

支援したい」と話す。
事業開始は7月の想定だったが、「早めてほしい」との県民の声を受け、6月中へ前倒しを目指している。
青森県もエアコンなどの購入者に統一省エネラベルなどに応じて1000～6万円分のポイントや商品券を還元する事業を8月下旬に始める。横浜市も同時期から購入金額の20%、上限3万円分を還元する。
東京都は4月、家庭の脱炭素化を図るため省エネ家電の購入者に付与する独自のポイントを2～3割引き上げた。ポイントは商品券などと交換できる。
電気代高騰を受けて省エネ家電の購入を自治体が支援する動きは22年度後半ごろから出てきている。電気代を下げる政府の激変緩和策は9月で期限が切れる。家計への圧力が強まるなか、生活支援策として購入支援に関心を寄せる自治体は増えている。
県の大部分が6月の値上げを申請しなかった中部電力管内にある岐阜県も、省エネ家電の購入額に応じた最大4万円の現金給付を始める。購入者は後日レシートなどと合わせて申請し、県は指定の口座に振り込む。詳細は調整中だが、5月9日以降の購入分なら適用する。
県の担当者は「電気代が高い状態が長く続いている。省エネ家電への切り替えで家計の負担軽減と、地域の脱炭素化を進めたい」と話す。
住民の関心が高く、申請が殺到する事例も起きている。最大5万円の購入支援を5月1日に始めた広島県福山市は、予算が上限に達したとして購入者からの申請受け付けを10日に終了した。本来は8月末まで受け付ける予定だった。
約1億円の予算を組んだが「家電販売店での事前周知や、事業の開始が大型連休中に重なったことが影響した」（市担当者）もようだ。同市は反響の大きさを踏まえ、予算の追加を検討している。

（2023年6月2日　日本経済新聞）

バッテリーなどリサイクル強化　経産省、法改正視野

鉱物資源を含むバッテリーなどのリサイクル促進に向け、経済産業省は関連制度の見直しを進める。近く有識者検討会を作り、資源有効利用促進法などの改正を視野に議論を始める。リサイクルしやすい製品設計をメーカーに求めたり、製品回収をしやすくしたりすることを目指し、具体的な改正内容を詰める。
27日にまとめた「成長志向型の資源自律経済戦略」の案に方針を盛り込んだ。

西村康稔経産相は「日本が世界に先駆けて取り組む意義は大きい」と期待を寄せた。
検討会では太陽光パネルやバッテリーなどを、リサイクルの重点品目に追加することなどを議論する。現在は家電製品などが重点品目になっている。政府が認定した製品を製造する設備への支援なども視野に入れる。
産学官の共同事業体も立ち上げる。リサイクル資源の利用・供給の目標達成に向けた行程表や、流通データなどをやりとりする基盤を作ることを検討する。
鉱物資源は埋蔵量が地域的に偏在しているものが少なくない。インドネシアによるニッケル鉱石の輸出禁止など、特定国が供給を絞り世界全体で影響が出たこともある。
日本は多くを輸入に頼り、十分な量の供給を受けられない事態もあり得る。日本で家庭から出る一般廃棄物のリサイクル率は20%に満たない。経済協力開発機構（OECD）全体の24%を下回り、リサイクルを強化すれば鉱物などを確保できる余地がある。
リサイクルは採掘などに比べ、二酸化炭素の排出量が最大で9割程度削減できるとされる。供給網寸断への備えと同時に、脱炭素化も進める狙いだ。

（2023年3月27日　日本経済新聞）

現職者・退職者が語る 電気機器業界の口コミ

※編集部に寄せられた情報を基に作成

▶労働環境

職種：物流企画　　年齢・性別：30代前半・男性

・残業代は基本的に全額出ますが，残業規制が厳しくなりました。
・労働量は部署によってまちまちで，繁忙期は休日出勤がある場合も。
・ノートPCで社外，自宅で仕事する場合も残業代は支払われます。
・役職が上がると裁量性が導入されるため，年収が下がります。

職種：法務　　年齢・性別：30代前半・男性

・サービス残業，休日出勤は一切なく，年休も取得しやすいです。
・2000年頃までは遅い時間まで働くことを良しとしていましたが，各人のライフスタイルに合わせて勤務できていると感じます。
・自宅で仕事を行うE-ワークも推奨されています。

職種：研究・開発（機械）　　年齢・性別：20代後半・男性

・社員同士の仲が良く，業務を行う上で協力関係を築きやすいです。
・自分のやる気次第で，難しい技術に挑戦できる環境にあります。
・責任ある仕事を任され，製品に関わっていることを実感できます。
・失敗を恐れず，チャレンジすることが求められる社風です。

職種：ソフトウェア開発（制御系）　　年齢・性別：20代後半・男性

・フレンドリーな職場だと思います（体育会的という意味ではなく）。最低限の上下関係はありますが，とても自由な雰囲気だと思います。
・管理方法としては，自己流・自社流で時代遅れの感は否めません。
・最近はマネージメント力強化の取り組みを始めているようです。

▶福利厚生

職種：機械・機構設計，金型設計（機械）　年齢・性別：20代後半・男性

・福利厚生は大手企業だけあって，とても充実しています。
・3カ月の研修の間は家賃，食費，光熱費は一切かかりません。
・自営ホテルが格安で使えたり，帰省費用も出してもらえます。
・ただし，昇給制度は良くありません。

職種：一般事務　年齢・性別：20代後半・女性

・福利厚生はとても充実していると思います。
・住宅補助は大阪だと独身寮，関東だと借り上げ寮となります。
・事務の女性は皆年に1回は，1週間の連続有休を取得しています。
・2010年以降は，先輩方が産休などを取得するようになりました。

職種：空調設備設計　年齢・性別：20代後半・男性

・金銭面の福利厚生はまったくないと考えておいたほうがいいです。
・住宅手当がないのが一番大きいです。
・退職金も確定拠出年金に移行したため，額の少なさに驚くかも。
・保険が安かったり年休が取りやすかったりと，良い面もあります。

職種：サーバ設計・構築　年齢・性別：20代後半・男性

・福利厚生は充実していると思います。
・自動車任意保険，生命保険，医療保険はグループ割引がありお得。
・誕生日月に誕生日プレゼントが会社から全社員宛てに貰えます。プレゼントの内容は，おそらく自社製品だと思います。

▶仕事のやりがい

職種：制御設計（電気・電子）　年齢・性別：20代後半・男性

・自分が設計開発に携わった製品が世に出た時，やりがいを感じます。
・国内外のインフラ開発で，人々の生活を支えていると実感します。
・多くの企業と情報交換できる点も非常に刺激的です。
・自分の能力次第で実際に製品の売上が左右されるプレッシャーも。

職種：研究開発　年齢・性別：30代前半・男性

・次々に新しい業務が与えられるのでやりがいがあります。
・海外勤務のチャンスも多くあり，望めば研修も受けられます。
・開発に関しては非常に高い技術に触れることができます。
・自身の開発能力を常に向上させることが大事だと思います。

職種：経営コンサルタント　年齢・性別：20代前半・女性

・顧客規模が大きいため，非常にやりがいが大きいです。
・社会を動かしている感は大企業ならではのものがあります。
・数億単位でお金が動いていくため，自分の裁量権を感じます。顧客も大手の経営層であったりするため，とても刺激があります。

職種：ソフトウェア開発（制御系）　年齢・性別：20代後半・男性

・少人数で開発するので，開発完了時の達成感は大きいと思います。
・最近は新興国など市場の拡大もあり，非常にやりがいがあります。
・エコなど要求の変化もあり，やるべきことが増えてきています。
・経営側もモチベーション向上のための取り組みを始めています。

▶ブラック？ホワイト？

職種：研究開発　　年齢・性別：20代前半・男性

・研究開発の方針がコロコロ変わるのが非常に問題だと思います。
・やめると言っていた分野を急に復活させることもしばしば。
・方針が急に変わる度に，その分野で働いていた優秀な人材が他社へ。
・方針が定まらないため，効率が悪くなり現場が疲弊します。

職種：デジタル回路設計　　年齢・性別：20代前半・男性

・よくも悪くも昭和の空気が色濃く残っている会社です。
・行事は基本的には全員参加が基本です。
・運動会や全社スポーツ大会といったイベントを実施しております。
・若手は応援団に駆り出されるため，体育会系のノリが必要です。

職種：評価・テスト（機械）　　年齢・性別：20代後半・男性

・技術部の場合，残業が月100時間を越える人も少なからずいます。
・部署によっては毎週のように休日出社が発生しているところも。
・会社側は残業時間を減らそうとしているようですが，管理職は残業してあたりまえくらいの考えが主流のように感じます。

職種：法人営業　　年齢・性別：30代後半・男性

・部門の統廃合を凄いスピードでやっています。
・この会社は7割が40歳以上のため，課長や部長が出向していきます。
・本社で仕事がないまま，部下なしの課長や部長となる人もいます。
・職階級のピラミッドが崩れた状態で非常に働きづらくなりました。

▶女性の働きやすさ

職種：一般事務　　年齢・性別：20代後半・女性

- 産休や育休などの制度はしっかりしていて働きやすいと思います。
- 管理職になるのは難しく，キャリアを求める女性には不向きかと。
- 部署移動などもなく，同じ部署で働き続けることになります。
- 安定，変化なしを求めるならばもってこいの職場だと思います。

職種：マーケティング　　年齢・性別：20代後半・男性

- 男女差別はないので，とても働きやすいと思います。
- 女性は4大卒・短大卒関係なく業務にあたるチャンスがあります。
- 労働時間が長いため，出産すると途端に働きにくくなります。
- 男女平等であるので，夫婦がそれぞれ別の国に駐在するケースも。

職種：回路設計・実装設計　　年齢・性別：20代後半・男性

- 育児休暇を取得後，職場に復帰している女性社員も多くいます。
- 女性の管理職は自分の周りではあまり見たことがありません。
- 育休制度は使いやすいようですが，女性の労働環境改善はまだかと。
- 男性社員が圧倒的に多いこともあり，男性社会なのだと思います。

職種：ソフトウェア関連職　　年齢・性別：20代後半・女性

- 女性マネージャーは50人の部署に1人程度，部長以上も少ないです。
- 育児休暇等を利用した場合は管理職になるのはほぼ難しいようです。
- 部署によっては男尊女卑の考え方は根強く残っています。
- 女性管理職を増やす方向にあるようですが，時間がかかりそうです。

▶今後の展望

職種：ソフトウェア開発（制御系）　年齢・性別：20代後半・男性

・新興国や国際的エコ意識から市場は拡大傾向にあると思います。
・ライバル企業は技術的には日系メーカー，新興市場は中国系です。
・既存事業の動向はエアコンの需要が増え，開発案件が増えています。
・今後はあえて別分野への大胆な展開はないと思います。

職種：経理　年齢・性別：20代後半・男性

・一応高いシェアは持っていますが，油断できない状況です。
・断トツのトップシェアというわけでもないので競争は激化するかと。
・既存事業については成長性というのはないのではと感じています。
・今後の将来性については，疑問に感じるところです。

職種：研究・開発（機械）　年齢・性別：20代後半・男性

・会社設立以降ほぼ右肩上がりに業績を伸ばしています。
・一度も赤字転落していないため，将来的にも安泰だと思います。
・リーマン・ショックでも業績を落とすことなく乗り越えてきました。
・好況時に社員にバラまくことをしない堅実な経営方針がいいのかと。

職種：法人営業　年齢・性別：20代後半・男性

・一般的な商材のため市場がなくなることはないと思います。
・ただ，競合他社も多く，価格競争が厳しいのは否めません。
・売るだけではなく技術的知識を身につけることが大事だと思います。
・即潰れることはないとは思いますが，定年までいられるかどうか。

電気機器業界　国内企業リスト（一部抜粋）

区別	会社名	本社住所
電気機器	イビデン株式会社	岐阜県大垣市神田町 2-1
	コニカミノルタ株式会社	東京都千代田区丸の内 2-7-2　JP タワー
	ブラザー工業株式会社	名古屋市瑞穂区苗代町 15 番 1 号
	ミネベア株式会社	長野県北佐久郡御代田町大字御代田 4106-73
	株式会社 日立製作所	東京都千代田区丸の内一丁目 6 番 6 号
	株式会社 東芝	東京都港区芝浦 1-1-1
	三菱電機株式会社	東京都千代田区丸の内 2-7-3　東京ビル
	富士電機株式会社	東京都品川区大崎一丁目 11 番 2 号 ゲートシティ大崎イーストタワー
	東洋電機製造株式会社	東京都中央区八重洲一丁目 4 番 16 号 東京建物八重洲ビル 5 階
	株式会社安川電機	北九州市八幡西区黒崎城石 2 番 1 号
	シンフォニアテクノロジー 株式会社	東京都港区芝大門 1-1-30　芝 NBF タワー
	株式会社明電舎	東京都品川区大崎二丁目 1 番 1 号 ThinkPark Tower
	オリジン電気株式会社	東京都豊島区高田 1 丁目 18 番 1 号
	山洋電気株式会社	東京都豊島区南大塚 3-33-1
	デンヨー株式会社	東京都中央区日本橋堀留町二丁目 8 番 5 号
	東芝テック株式会社	東京都品川区大崎 1-11-1 （ゲートシティ大崎ウエストタワー）
	芝浦メカトロニクス株式会社	神奈川県横浜市栄区笠間 2-5-1
	マブチモーター株式会社	千葉県松戸市松飛台 430 番地
	日本電産株式会社	京都府京都市南区久世殿城町 338 番地
	株式会社 東光高岳ホールディングス	東京都江東区豊洲 3-2-20 豊洲フロント 2F
	宮越ホールディングス 株式会社	東京都大田区大森北一丁目 23 番 1 号
	株式会社　ダイヘン	大阪市淀川区田川 2 丁目 1 番 11 号
	ヤーマン株式会社	東京都江東区古石場一丁目 4 番 4 号
	株式会社 JVC ケンウッド	神奈川県横浜市神奈川区守屋町三丁目 12 番地

区別	会社名	本社住所
電気機器	第一精工株式会社	京都市伏見区桃山町根来 12 番地 4
	日新電機株式会社	京都市右京区梅津高畝町 47 番地
	大崎電気工業株式会社	東京都品川区東五反田 2-10-2 東五反田スクエア
	オムロン株式会社	京都市下京区塩小路通堀川東入
	日東工業株式会社	愛知県長久手市蟹原 2201 番地
	IDEC 株式会社	大阪市淀川区西宮原 2-6-64
	株式会社 ジーエス・ユアサ コーポレーション	京都市南区吉祥院西ノ庄猪之馬場町 1 番地
	サクサホールディングス株式会社	東京都港区白金 1-17-3 NBF プラチナタワー
	株式会社メルコホールディングス	名古屋市中区大須三丁目 30 番 20 号 赤門通ビル
	株式会社テクノメディカ	横浜市都筑区仲町台 5-5-1
	日本電気株式会社	東京都港区芝五丁目 7 番 1 号
	富士通株式会社	神奈川県川崎市中原区上小田中 4-1-1
	沖電気工業株式会社	東京都港区虎ノ門 1-7-12
	岩崎通信機株式会社	東京都杉並区久我山 1 丁目 7 番 41 号
	電気興業株式会社	東京都千代田区丸の内三丁目 3 番 1 号 新東京ビル 7 階
	サンケン電気株式会社	埼玉県新座市北野三丁目 6 番 3 号
	株式会社ナカヨ通信機	前橋市総社町一丁目 3 番 2 号
	アイホン株式会社	愛知県名古屋市熱田区神野町 2-18
	ルネサス エレクトロニクス株式会社	神奈川県川崎市中原区下沼部 1753 番地
	セイコーエプソン株式会社	長野県諏訪市大和三丁目 3 番 5 号
	株式会社ワコム	埼玉県加須市豊野台二丁目 510 番地 1
	株式会社 アルバック	神奈川県茅ヶ崎市萩園 2500
	株式会社アクセル	東京都千代田区外神田四丁目 14 番 1 号 秋葉原 UDX　南ウイング 10 階
	株式会社ピクセラ	大阪府大阪市浪速区難波中 2-10-70 パークスタワー 25F

区別	会社名	本社住所
電気機器	EIZO株式会社	石川県白山市下柏野町153番地
	日本信号株式会社	東京都千代田区丸の内1-5-1 新丸の内ビルディング
	株式会社京三製作所	横浜市鶴見区平安町二丁目29番地の1
	能美防災株式会社	東京都千代田区九段南4丁目7番3号
	ホーチキ株式会社	東京都品川区上大崎二丁目10番43号
	エレコム株式会社	大阪市中央区伏見町4丁目1番1号 明治安田生命大阪御堂筋ビル9F
	日本無線株式会社	東京都杉並区荻窪4-30-16 藤澤ビルディング
	パナソニック株式会社	大阪府門真市大字門真1006番地
	シャープ株式会社	大阪市阿倍野区長池町22番22号
	アンリツ株式会社	神奈川県厚木市恩名5-1-1
	株式会社富士通ゼネラル	神奈川県川崎市高津区末長1116番地
	株式会社日立国際電気	東京都千代田区外神田4-14-1 (秋葉原UDXビル11F)
	ソニー株式会社	東京都港区港南1-7-1
	TDK株式会社	東京都港区芝浦三丁目9番1号 芝浦ルネサイトタワー
	帝国通信工業株式会社	神奈川県川崎市中原区苅宿45番1号
	ミツミ電機株式会社	東京都多摩市鶴牧2-11-2
	株式会社タムラ製作所	東京都練馬区東大泉1-19-43
	アルプス電気株式会社	東京都大田区雪谷大塚町1-7
	池上通信機株式会社	東京都大田区池上5-6-16
	パイオニア株式会社	神奈川県川崎市幸区新小倉1-1
	日本電波工業株式会社	東京都渋谷区笹塚1-50-1 笹塚NAビル
	株式会社日本トリム	大阪市北区梅田二丁目2番22号 ハービスENTオフィスタワー22F
	ローランド ディー.ジー.株式会社	静岡県浜松市北区新都田一丁目6番4号
	フォスター電機株式会社	東京都昭島市つつじが丘一丁目1番109号
	クラリオン株式会社	埼玉県さいたま市中央区新都心7-2
	SMK株式会社	東京都品川区戸越6丁目5番5号

区別	会社名	本社住所
電気機器	株式会社ヨコオ	東京都北区滝野川 7-5-11
	株式会社 東光	東京都品川区東中延 1-5-7
	ティアック株式会社	東京都多摩市落合 1 丁目 47 番地
	ホシデン株式会社	大阪府八尾市北久宝寺 1-4-33
	ヒロセ電機株式会社	東京都品川区大崎 5 丁目 5 番 23 号
	日本航空電子工業株式会社	東京都渋谷区道玄坂 1-21-2
	TOA 株式会社	兵庫県神戸市中央区港島中町七丁目 2 番 1 号
	古野電気株式会社	兵庫県西宮市芦原町 9-52
	ユニデン株式会社	東京都中央区八丁堀 2-12-7
	アルパイン株式会社	東京都品川区西五反田 1-1-8
	スミダコーポレーション 株式会社	東京都中央区日本橋蛎殻町一丁目 39 番 5 号 水天宮北辰ビル ヂング
	アイコム株式会社	大阪市平野区加美南 1-1-32
	リオン株式会社	東京都国分寺市東元町 3-20-41
	船井電機株式会社	大阪府大東市中垣内 7 丁目 7 番 1 号
	横河電機株式会社	東京都武蔵野市中町 2-9-32
	新電元工業株式会社	東京都千代田区大手町二丁目 2 番 1 号 新大手町ビル
	アズビル株式会社	東京都千代田区丸の内 2-7-3（東京ビル）
	東亜ディーケーケー株式会社	東京都新宿区高田馬場一丁目 29 番 10 号
	日本光電工業株式会社	東京都新宿区西落合 1 丁目 31 番 4 号
	株式会社チノー	東京都板橋区熊野町 32-8
	株式会社共和電業	東京都調布市調布ヶ丘 3-5-1
	日本電子材料株式会社	兵庫県尼崎市西長洲町 2 丁目 5 番 13 号
	株式会社堀場製作所	京都市南区吉祥院宮の東町 2
	株式会社アドバンテスト	東京都千代田区丸の内 1 丁目 6 番 2 号
	株式会社小野測器	神奈川県横浜市港北区新横浜 3 丁目 9 番 3 号
	エスペック株式会社	大阪市北区天神橋 3-5-6
	パナソニック デバイス SUNX 株式会社	愛知県春日井市牛山町 2431-1

区別	会社名	本社住所
電気機器	株式会社キーエンス	大阪市東淀川区東中島 1-3-14
	日置電機株式会社	長野県上田市小泉 81
	シスメックス株式会社	兵庫県神戸市中央区脇浜海岸通 1 丁目 5 番 1 号
	株式会社メガチップス	大阪市淀川区宮原 1 丁目 1 番 1 号 新大阪阪急ビル
	OBARA GROUP 株式会社	神奈川県大和市中央林間 3 丁目 2 番 10 号
	日本電産コパル電子株式会社	東京都新宿区西新宿 7-5-25 西新宿木村屋ビル
	澤藤電機株式会社	群馬県太田市新田早川町 3 番地
	コーセル株式会社	富山県富山市上赤江町一丁目 6 番 43 号
	株式会社日立メディコ	東京都千代田区外神田 4-14-1（秋葉原 UDX 18 階）
	新日本無線株式会社	東京都中央区日本橋横山町 3 番 10 号
	オプテックス株式会社	滋賀県大津市雄琴 5-8-12
	千代田インテグレ株式会社	東京都中央区明石町 4-5
	レーザーテック株式会社	神奈川県横浜市港北区新横浜 2-10-1
	スタンレー電気株式会社	東京都目黒区中目黒 2-9-13
	岩崎電気株式会社	東京都中央区日本橋馬喰町 1-4-16 馬喰町第一ビルディング
	ウシオ電機株式会社	東京都千代田区大手町二丁目 6 番 1 号
	岡谷電機産業株式会社	東京都世田谷区等々力 6-16-9
	ヘリオス テクノ ホールディング株式会社	兵庫県姫路市豊富町御蔭 703 番地
	日本セラミック株式会社	鳥取市広岡 176-17
	株式会社遠藤照明	大阪府大阪市中央区本町一丁目 6 番 19 号
	株式会社日本デジタル研究所	東京都江東区新砂 1-2-3
	古河電池株式会社	神奈川県横浜市保土ヶ谷区星川 2-4-1
	双信電機株式会社	東京都港区三田 3-13-16 三田 43MT ビル 13F
	山一電機株式会社	東京都大田区南蒲田 2 丁目 16 番 2 号 テクノポート三井生命ビル 11 階
	株式会社 図研	横浜市都筑区荏田東 2-25-1
	日本電子株式会社	東京都昭島市武蔵野 3 丁目 1 番 2 号
	カシオ計算機株式会社	東京都渋谷区本町 1-6-2

区別	会社名	本社住所
電気機器	ファナック株式会社	山梨県南都留郡忍野村忍草字古馬場 3580
	日本シイエムケイ株式会社	東京都新宿区西新宿 6-5-1 新宿アイランドタワー 43F
	株式会社エンプラス	埼玉県川口市並木 2 丁目 30 番 1 号
	株式会社 大真空	兵庫県加古川市平岡町新在家 1389
	ローム株式会社	京都市右京区西院溝崎町 21
	浜松ホトニクス株式会社	静岡県浜松市中区砂山町 325-6 日本生命浜松駅前ビル
	株式会社三井ハイテック	北九州市八幡西区小嶺二丁目 10 番 1 号
	新光電気工業株式会社	長野県長野市小島田町 80 番地
	京セラ株式会社	京都府京都市伏見区竹田鳥羽殿町 6
	太陽誘電株式会社	東京都台東区上野 6 丁目 16 番 20 号
	株式会社村田製作所	京都府長岡京市東神足 1 丁目 10 番 1 号
	株式会社ユーシン	東京都港区芝大門 1-1-30　芝 NBF タワー
	双葉電子工業株式会社	千葉県茂原市大芝 629
	北陸電気工業株式会社	富山県富山市下大久保 3158 番地
	ニチコン株式会社	京都市中京区烏丸通御池上る
	日本ケミコン株式会社	東京都品川区大崎五丁目 6 番 4 号
	コーア株式会社	長野県上伊那郡箕輪町大字中箕輪 14016
	市光工業株式会社	神奈川県伊勢原市板戸 80
	株式会社小糸製作所	東京都港区高輪 4 丁目 8 番 3 号
	株式会社ミツバ	群馬県桐生市広沢町 1-2681
	スター精密株式会社	静岡県静岡市駿河区中吉田 20 番 10 号
	大日本スクリーン製造 株式会社	京都市上京区堀川通寺之内上る 4 丁目天神北町 1-1
	キヤノン電子株式会社	埼玉県秩父市下影森 1248 番地
	キヤノン株式会社	東京都大田区下丸子 3 丁目 30 番 2 号
	株式会社リコー	東京都中央区銀座 8-13-1　リコービル
	MUTOH ホールディングス 株式会社	東京都世田谷区池尻 3 丁目 1 番 3 号
	東京エレクトロン株式会社	東京都港区赤坂 5-3-1 赤坂 Biz タワー

区別	会社名	本社住所
精密機器	テルモ株式会社	東京都渋谷区幡ヶ谷 2-44-1
	クリエートメディック株式会社	神奈川県横浜市都筑区茅ヶ崎南 2-5-25
	日機装株式会社	東京都渋谷区恵比寿 4 丁目 20 番 3 号 恵比寿ガーデンプレイスタワー 22 階
	株式会社島津製作所	京都市中京区西ノ京桑原町 1 番地
	株式会社ジェイ・エム・エス	広島市中区加古町 12 番 17 号
	クボテック株式会社	大阪市北区中之島 4-3-36 玉江橋ビル
	ショットモリテックス株式会社	埼玉県朝霞市泉水 3-13-45
	長野計器株式会社	東京都大田区東馬込 1 丁目 30 番 4 号
	株式会社ブイ・テクノロジー	横浜市保土ヶ谷区神戸町 134 横浜ビジネスパーク イーストタワー 9F/5F
	東京計器株式会社	東京都大田区南蒲田 2-16-46
	愛知時計電機株式会社	名古屋市熱田区千年一丁目 2 番 70 号
	株式会社東京精密	東京都八王子市石川町 2968-2
	マニー株式会社	栃木県宇都宮市清原工業団地 8 番 3
	株式会社ニコン	東京都千代田区有楽町 1-12-1（新有楽町ビル）
	株式会社トプコン	東京都板橋区蓮沼町 75 番 1 号
	オリンパス株式会社	東京都新宿区西新宿 2-3-1　新宿モノリス
	理研計器株式会社	東京都板橋区小豆沢 2-7-6
	株式会社タムロン	埼玉県さいたま市見沼区蓮沼 1385 番地
	HOYA 株式会社	東京都新宿区中落合 2-7-5
	ノーリツ鋼機株式会社	和歌山市梅原 579 － 1
	株式会社エー・アンド・デイ	東京都豊島区東池袋 3 丁目 23 番 14 号
	シチズンホールディングス 株式会社	東京都西東京市田無町 6-1-12
	リズム時計工業株式会社	埼玉県さいたま市大宮区北袋町一丁目 299 番地 12
	大研医器株式会社	大阪市中央区道修町 3 丁目 6 番 1 号
	株式会社松風	京都市東山区福稲上高松町 11
	セイコーホールディングス 株式会社	東京都港区虎ノ門二丁目 8 番 10 号 虎ノ門 15 森ビル
	ニプロ株式会社	大阪市北区本庄西 3 丁目 9 番 3 号

第3章

就職活動のはじめかた

入りたい会社は決まった。しかし「就職活動とはそもそも何をしていいのかわからない」「どんな流れで進むかわからない」という声は意外と多い。ここでは就職活動の一般的な流れや内容，対策について解説していく。

▶就職活動のスケジュール

3月	4月	6月

就職活動スタート

2025年卒の就活スケジュールは,経団連と政府を中心に議論され,2024年卒の採用選考スケジュールから概ね変更なしとされている。

エントリー受付・提出

OB・OG訪問

企業の説明会には積極的に参加しよう。
自の企業研究だけでは見えてこなかった
たな情報を得る機会であるとともに，モ
ベーションアップにもつながる。また，説
会に参加した者だけに配布する資料など
ある。

合同企業説明会　個別企業説明会

筆記試験・面接試験等始まる（3月～）

内々定(大手企業

2月末までにやっておきたいこと

就職活動が本格化する前に，以下のことに取り組んでおこう。
◎自己分析　◎インターンシップ　◎筆記試験対策
◎業界研究・企業研究　◎学内就職ガイダンス
自分が本当にやりたいことはなにか，自分の能力を最大限に活かせる会社はどこか。自己分析と企業研究を重ね，それを文章などにして明確にしておき，面接時に最大限に活用できるようにしておこう。

※このスケジュール表は一般的なものです。本年(2019年度)の採用スケジュール表ではありませんので，ご注意ください。

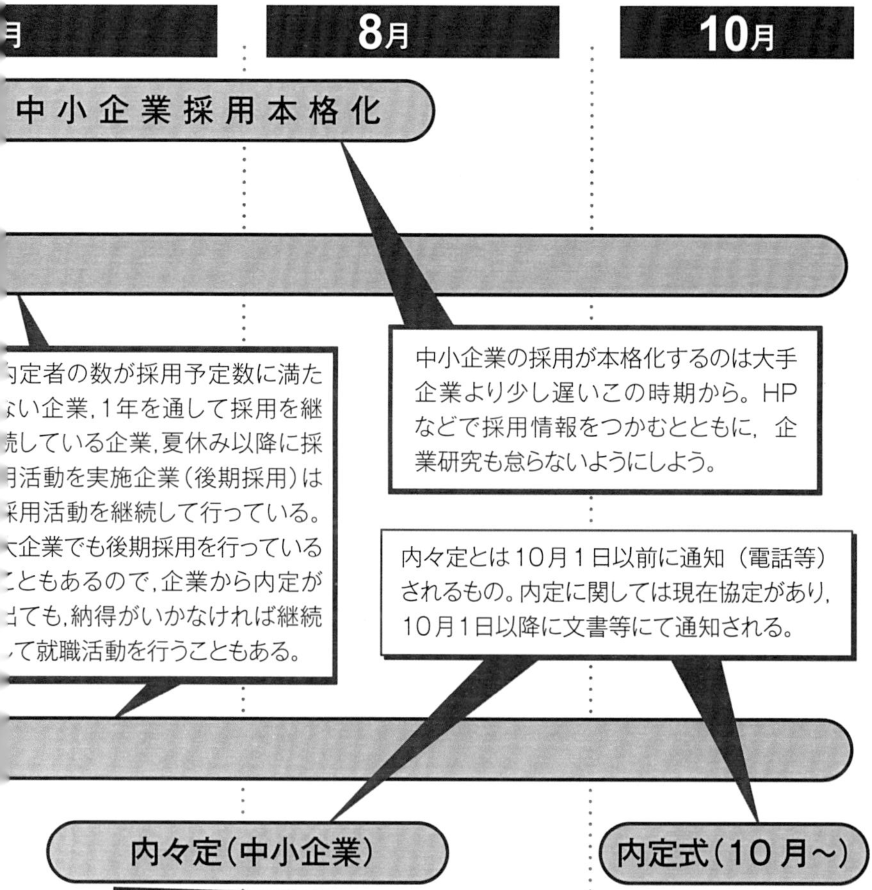

月	8月	10月

中小企業採用本格化

内定者の数が採用予定数に満たない企業，1年を通して採用を継続している企業，夏休み以降に採用活動を実施企業（後期採用）は採用活動を継続して行っている。大企業でも後期採用を行っていることもあるので，企業から内定が出ても，納得がいかなければ継続して就職活動を行うこともある。

中小企業の採用が本格化するのは大手企業より少し遅いこの時期から。HPなどで採用情報をつかむとともに，企業研究も怠らないようにしよう。

内々定とは10月1日以前に通知（電話等）されるもの。内定に関しては現在協定があり，10月1日以降に文書等にて通知される。

内々定(中小企業)

内定式(10月～)

どんな人物が求められる?

多くの企業は，常識やコミュニケーション能力があり，社会のできごとに高い関心を持っている人物を求めている。これは「会社の一員として将来の企業発展に寄与してくれるか」という視点に基づく，もっとも普遍的な選考基準だ。もちろん，「自社の志望を真剣に考えているか」「自社の製品，サービスにどれだけの関心を向けているか」という熱意の部分も重要な要素になる。

理論編

就活ロールプレイ！

理論編 STEP 1

就職活動のスタート

内定までの道のりは，大きく分けると以下のようになる。

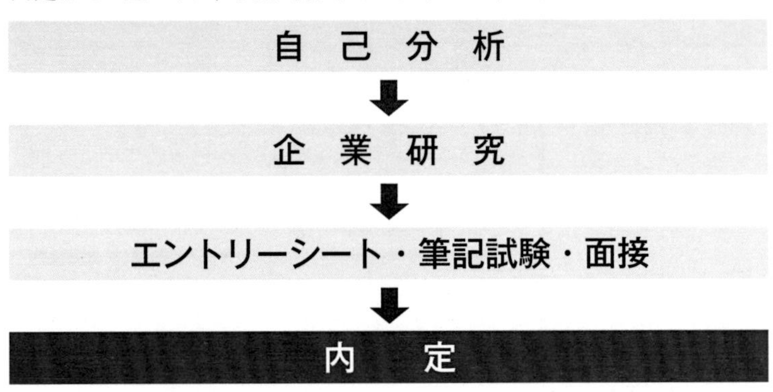

01 まず自己分析からスタート

就職活動とは，「企業に自分をPRすること」。自分自身の興味，価値観に加えて，強み･能力という要素が加わって，初めて企業側に「自分が働いたら，こういうポイントで貢献できる」と自分自身を売り込むことができるようになる。

■自分の来た道を振り返る

自己分析をするための第一歩は，「振り返ってみる」こと。

小学校，中学校など自分のいた“場”ごとに何をしたか（部活動など），何を学んだか，交友関係はどうだったか，興味のあったこと，覚えている印象的なことを書き出してみよう。

■テストを受けてみる

“自分では気がついていない能力”を客観的に検査してもらうことで，自分に向いている職種が見えてくる。下記の5種類が代表的なものだ。

①職業適性検査　②知能検査　③性格検査

④職業興味検査　⑤創造性検査

■先輩や専門家に相談してみる

就職活動をするうえでは，“いかに他人に自分のことをわかってもらうか”が重要なポイント。他者の視点で自分を分析してもらうことで，より客観的な視点で自己PRができるようになる。

自己分析の流れ

- ❏過去の経験を書いてみる
- ❏現在の自己イメージを明確にする…行動，考え方，好きなものなど。
- ❏他人から見た自分を明確にする
- ❏将来の自分を明確にしてみる…どのような生活をおくっていたいか。期待，夢，願望。なりたい自分はどういうものか，掘り下げて考える。→自己分析結果を，志望動機につなげていく。

理論編 STEP 2

企業の情報を収集する

01 企業の絞り込み

志望企業の絞り込みについての考え方は大きく分けて2つある。

第1は，同一業種の中で1次候補，2次候補……と絞り込んでいく方法。

第2は，業種を1次，2次，3次候補と変えながら，それぞれに2社程度ずつ絞り込んでいく方法。

第1の方法では，志望する同一業種の中で，一流企業，中堅企業，中小企業，縁故などがある歯止めの会社……というふうに絞り込んでいく。

第2の方法では，自分が最も望んでいる業種，将来好きになれそうな業種，発展性のある業種，安定性のある業種，現在好況な業種……というふうに区別して，それぞれに適当な会社を絞り込んでいく。

02 情報の収集場所

・キャリアセンター

・新聞

・インターネット

・企業情報

『就職四季報』（東洋経済新報社刊），『日経会社情報』（日本経済新聞社刊）などの企業情報。この種の資料は本来“株式市場”についての資料だが，その時期の景気動向を含めた情報を仕入れることができる。

・経済雑誌

『ダイヤモンド』（ダイヤモンド社刊）や『東洋経済』（東洋経済新報社刊），『エコノミスト』（毎日新聞出版刊）など。

・OB・OG／社会人

03 志望企業をチェック

①成長力

まず“売上高”。次に資本力の問題や利益率などの比率。いくら資本金があっても，それを上回る膨大な借金を抱えていて，いくら稼いでも利払いに追われまくるようでは，成長できないし，安定できない。

成長力を見るには自己資本率を割り出してみる。自己資本を総資本で割って100を掛けると自己資本率がパーセントで出てくる。自己資本の比率が高いほうが成長力もあり安定度も高い。

利益率は純利益を売上高で割って100を掛ける。利益率が高ければ，企業はどんどん成長するし，社員の待遇も上昇する。利益率が低いということは，仕事がどんなに忙しくても利益にはつながらないということになる。

②技術力

技術力は，短期的な見方と長期的な展望が必要になってくる。研究部門が適切な規模か，大学など企業外の研究部門との連絡があるか，先端技術の分野で開発を続けているかどうかなど。

③経営者と経営形態

会社が将来，どのような発展をするか，または衰退するかは経営者の経営哲学，経営方針によるところが大きい。社長の経歴を知ることも必要。創始者の息子，孫といった親族が社長をしているのか，サラリーマン社長か，官庁などからの天下りかということも大切なチェックポイント。

④社風

社風というのは先輩社員から後輩社員に伝えられ，教えられるもの。社風もいろいろな面から必ずチェックしよう。

⑤安定性

企業が成長しているか，安定しているかということは車の両輪。どちらか片方の回転が遅くなっても企業はバランスを失う。安定し，しかも成長する。これが企業として最も理想とするところ。

⑥待遇

初任給だけを考えてみても，それが手取りなのか，基本給なのか。基本給というのはボーナスから退職金，定期昇給の金額にまで響いてくる。また，待遇というのは給与ばかりではなく，福利厚生施設でも大きな差が出てくる。

■そのほかの会社比較の基準

1. ゆとり度

休暇制度は，企業によって独自のものを設定しているところもある。「長期休暇制度」といったものなどの制定状況と，また実際に取得できているかどうかも調べたい。

2. 独身寮や住宅設備

最近では，社宅は廃止し，住宅手当を多く出すという流れもある。寮や社宅についての福利厚生は調べておく。

3. オフィス環境

会社に根づいた慣習や社員に対する考え方が，意外にオフィスの設備やレイアウトに表れている場合がある。

たとえば，個人の専有スペースの広さや区切り方，パソコンなどOA機器の設置状況，上司と部下の机の配置など，会社によってずいぶん違うもの。玄関ロビーや受付の様子を観察するだけでも，会社ごとのカラーや特徴がどこかに見えてくる。

4. 勤務地

転勤はイヤ，どうしても特定の地域で生活していきたい。そんな声に応えて，最近は流通業などを中心に，勤務地限定の雇用制度を取り入れる企業も増えている。

column 初任給では分からない本当の給与

会社の給与水準には「初任給」「平均給与」「平均ボーナス」「モデル給与」など，判断材料となるいくつかのデータがある。これらのデータからその会社の給料の優劣を判断するのは非常に難しい。

たとえば中小企業の中には，初任給が飛び抜けて高い会社がときどきある。しかしその後の昇給率は大きくないのがほとんど。

一方，大手企業の初任給は業種間や企業間の差が小さく，ほとんど横並びと言っていい。そこで，「平均給与」や「平均ボーナス」などで将来の予測をするわけだが，これは一応の目安とはなるが，個人差があるので正確とは言えない。

04 就職ノートの作成

■決定版「就職ノート」はこう作る

1冊にすべて書き込みたいという人には，ルーズリーフ形式のノートがお勧め。会社研究，スケジュール，時事用語，OB／OG訪問，切り抜きなどの項目を作りインデックスをつける。

カレンダー，説明会，試験などのスケジュール表を貼り，とくに会社別の説明会，面談，書類提出，試験の日程がひと目で分かる表なども作っておく。そして見開き2ページで1社を載せ，左ページに企業研究，右ページには志望理由，自己PRなどを整理する。

就職ノートの主なチェック項目

- ❏企業研究…資本金，業務内容，従業員数など基礎的な会社概要から，過去の採用状況，業務報告などのデータ
- ❏採用試験メモ…日程，条件，提出書類，採用方法，試験の傾向など
- ❏店舗・営業所見学メモ…流通関係，銀行などの場合は，客として訪問し，商品（値段，使用価値，ユーザーへの配慮），店員（接客態度，商品知識，熱意，親切度），店舗（ショーケース，陳列の工夫，店内の清潔さ）などの面をチェック
- ❏OB／OG訪問メモ…OB／OGの名前，連絡先，訪問日時，面談場所，質疑応答のポイント，印象など
- ❏会社訪問メモ…連絡先，人事担当者名，会社までの交通機関，最寄り駅からの地図，訪問のときに得た情報や印象，訪問にいたるまでの経過も記入

05「OB／OG訪問」

「OB／OG訪問」は，実際は採用予備選考開始。まず，OB／OG訪問を希望したら，大学のキャリアセンター，教授などの紹介で，志望企業に勤める先輩の手がかりをつかむ。もちろん直接電話なり手紙で，自分の意向を会社側に伝えてもいい。自分の在籍大学，学部をはっきり言って，「先輩を紹介していただけないでしょうか」と依頼しよう。

OB／OG訪問時の質問リスト例

●採用について

・成績と面接の比重
・評価のポイント
・採用までのプロセス（日程）
・筆記試験の傾向と対策
・面接は何回あるか
・コネの効力はどうか
・面接で質問される事項　etc.

●仕事について

・内容（入社10年，20年のOB/OG）
・新入社員の仕事
・希望職種につけるのか
・やりがいはどうか
・残業，休日出勤，出張など
・同業他社と比較してどうか　etc.

●社風について

・社内のムード
・上司や同僚との関係
・仕事のさせ方　etc.

●待遇について

・給与について
・福利厚生の状態
・昇進のスピード
・離職率について　etc.

06 インターンシップ

インターンシップとは，学生向けに企業が用意している「就業体験」プログラム。ここで学生はさまざまな企業の実態をより深く知ることができ，その後の就職活動において自己分析，業界研究，職種選びなどに活かすことができる。また企業側にとっても有能な学生を発掘できるというメリットがあるため，導入する企業は増えている。

インターンシップ参加が採用につながっているケースもあるため，たくさん参加してみよう。

column コネを利用するのも１つの手段？

コネを活用できるのは，以下のような場合である。

・企業と大学に何らかの「連絡」がある場合

企業の新卒採用の場合，特定校・指定校が決められていることもある。企業側が過去の実績などに基づいて決めており，大学の力が大きくものをいう。

とくに理工系では，指導教授や研究室と企業との連絡が密接な場合が多く，教授の推薦が有利であることは言うまでもない。同じ大学出身の先輩とのコネも，この部類に区分できる。

・志望企業と「関係」ある人と関係がある場合

一般的に言えば，志望企業の取り引き先関係からの紹介というのが一番多い。ただし，年間億単位の実績が必要で，しかも部長・役員以上につながっていなければコネがあるとは言えない。

・志望企業と何らかの「親しい関係」がある場合

志望企業に勤務したりアルバイトをしていたことがあるという場合。インターンシップもここに分類される。職場にも馴染みがあり人間関係もできているので，就職に際してきわめて有利。

・志望会社に関係する人と「縁故」がある場合

縁故を「血縁関係」とした場合，日本企業ではこのコネはかなり有効なところもある。ただし，血縁者が同じ会社にいるというのは不都合なことも多いので，どの企業も慎重。

07 会社説明会のチェックポイント

1. 受付の様子

受付事務がテキパキとしていて，分かりやすいかどうか。社員の態度が親切で誠意が伝わってくるかどうか。

こういった受付の様子からでも，その会社の社員教育の程度や，新入社員採用に対する熱意とか期待を推し測ることができる。

2. 控え室の様子

控え室が2カ所以上あって，国立大学と私立大学の訪問者とが，別々に案内されているようなことはないか。また，面談の順番を意図的に変えているようなことはないか。これはよくある例で，すでに大半は内定しているということを意味する場合が多い。

3. 社内の雰囲気

社員の話し方，その内容を耳にはさむだけでも，社風が伝わってくる。

4. 面談の様子

何時間も待たせたあげくに，きわめて事務的に，しかも投げやりな質問しかしないような採用担当者である場合，この会社は人事が適正に行われていないということだから，一考したほうがよい。

参考 ▶ **説明会での質問項目**

- 質問内容が抽象的でなく，具体性のあるものかどうか。
- 質問内容は，現在の社会・経済・政治などの情況を踏まえた，大学生らしい高度で専門性のあるものか。
- 質問をするのはいいが，「それでは，あなたの意見はどうか」と逆に聞かれたとき，自分なりの見解が述べられるものであるか。

理論編 STEP3

提出書類を用意する

提出する書類は6種類。①〜③が大学に申請する書類，④〜⑥が自分で書く書類だ。大学に申請する書類は一度に何枚も入手しておこう。

①「卒業見込証明書」

②「成績証明書」

③「健康診断書」

④「履歴書」

⑤「エントリーシート」

⑥「会社説明会アンケート」

■自分で書く書類は「自己PR」

第1次面接に進めるか否かは「自分で書く書類」の出来にかかっている。「履歴書」と「エントリーシート」は会社説明会に行く前に準備しておくもの。「会社説明会アンケート」は説明会の際に書き，その場で提出する書類だ。

01 履歴書とエントリーシートの違い

Webエントリーを受け付けている企業に資料請求をすると，資料と一緒に「エントリーシート」が送られてくるので，応募サイトのフォームやメールでエントリーシートを送付する。Webエントリーを行っていない企業には，ハガキやメールで資料請求をする必要があるが，「エントリーシート」は履歴書とは異なり，企業が設定した設問に対して回答するもの。すなわちこれが「1次試験」であり，これにパスをした人だけが会社説明会に呼ばれる。

02 記入の際の注意点

■字はていねいに

字を書くところから，その企業に対する“本気度”は測られている。

■誤字，脱字は厳禁

使用するのは，黒のインク。

■修正液使用は不可

■数字は算用数字

■自分の広告を作るつもりで書く

自分はこういう人間であり，何がしたいかということを簡潔に書く。メリットになることだけで良い。自分に損になるようなことを書く必要はない。

■「やる気」を示す具体的なエピソードを

「私はやる気があります」「私は根気があります」という抽象的な表現だけではNG。それを示すエピソードのようなものを書かなくては意味がない。

Point

自己紹介欄の項目はすべて「自己PR」。自分はこういう人間であることを印象づけ，それがさらに企業への「志望動機」につながっていくような書き方をする。

column 履歴書やエントリーシートは，共通でもいい？

「履歴書」や「エントリーシート」は企業によって書き分ける。業種はもちろん，同じ業界の企業であっても求めている人材が違うからだ。各書類は提出前にコピーを取り，さらに出した企業名を忘れずに書いておくことも大切だ。

履歴書記入のPoint

写真	スナップ写真は不可。 スーツ着用で，胸から上の物を使用する。ポイントは「清潔感」。 氏名・大学名を裏書きしておく。
日付	郵送の場合は投函する日，持参する場合は持参日の日付を記入する。
生年月日	西暦は避ける。元号を省略せずに記入する。
氏名	戸籍上の漢字を使う。印鑑押印欄があれば忘れずに押す。
住所	フリガナ欄がカタカナであればカタカナで，平仮名であれば平仮名で記載する。
学歴	最初の行の中央部に「学□□歴」と2文字程度間隔を空けて，中学校卒業から大学（卒業・卒業見込み）まで記入する。 中途退学の場合は，理由を簡潔に記載する。留年は記入する必要はない。 職歴がなければ，最終学歴の一段下の行の右隅に，「以上」と記載する。
職歴	最終学歴の一段下の行の中央部に「職□□歴」と2文字程度間隔を空け記入する。 「株式会社」や「有限会社」など，所属部門を省略しないで記入する。 「同上」や「〃」で省略しない。 最終職歴の一段下の行の右隅に，「以上」と記載する。
資格・免許	4級以下は記載しない。学習中のものも記載して良い。 「普通自動車第一種運転免許」など，省略せずに記載する。
趣味・特技	具体的に（例：読書でもジャンルや好きな作家を）記入する。
志望理由	その企業の強みや良い所を見つけ出したうえで，「自分の得意な事」がどう活かせるかなどを考えぬいたものを記入する。
自己PR	応募企業の事業内容や職種にリンクするような，自分の経験やスキルなどを記入する。
本人希望欄	面接の連絡方法，希望職種・勤務地などを記入する。「特になし」や空白はNG。
家族構成	最初に世帯主を書き，次に配偶者，それから家族を祖父母，兄弟姉妹の順に。続柄は，本人から見た間柄。兄嫁は，義姉と書く。
健康状態	「良好」が一般的。

理論編 STEP4

エントリーシートの記入

01 エントリーシートの目的

・応募者を，決められた採用予定者数に絞り込むこと
・面接時の資料にする
の2つ。

■知りたいのは職務遂行能力

採用担当者が学生を見る場合は,「こいつは与えられた仕事をこなせるかどうか」という目で見ている。企業に必要とされているのは仕事をする能力なのだ。

Point

質問に忠実に，“自分がいかにその会社の求める人材に当てはまるか”を丁寧に答えること。

02 効果的なエントリーシートの書き方

■情報を伝える書き方

課題をよく理解していることを相手に伝えるような気持ちで書く。

■文章力

大切なのは全体のバランスが取れているか。書く前に，何をどれくらいの字数で収めるか計算しておく。

「起承転結」でいえば，「起」は，文章を起こす導入部分。「承」は，起を受けて，その提起した問題に対して承認を求める部分。「転」は，自説を展開する部分。もっともオリジナリティが要求される。「結」は，最後の締めの結論部分。文章の構成・まとめる力で，総合的な能力が高いことをアピールする。

エントリーシートでよく取り上げられる題材と，その出題意図

エントリーシートで求められるものは，「自己PR」「志望動機」「将来どうなりたいか（目指すこと）」の3つに大別される。

1.「自己PR」

自己分析にしたがって作成していく。重要なのは，「なぜそうしようと思ったか？」「○○をした結果，何が変わったのか？何を得たのか？」という“連続性”が分かるかどうかがポイント。

2.「志望動機」

自己PRと一貫性を保ち，業界志望理由と企業志望理由を差別化して表現するように心がける。志望する業界の強みと弱み，志望企業の強みと弱みの把握は基本。

3.「将来の展望」

どんな社員を目指すのか，仕事へはどう臨もうと思っているか，目標は何か，などが問われる。仕事内容を事前に把握しておくだけでなく，5年後の自分，10年後の自分など，具体的な将来像を描いておくことが大切。

表現力，理解力のチェックポイント

- ❑文法，語法が正しいかどうか
- ❑論旨が論理的で一貫しているかどうか
- ❑1センテンスが簡潔かどうか
- ❑表現が統一されているかどうか（「です，ます」調か「だ，である」調か）

理論編 STEP 5

面接試験の進みかた

01 個人面接

●自由面接法

面接官と受験者のキャラクターやその場の雰囲気，質問と応答の進行具合などによって雑談形式で自由に進められる。

●標準面接法

自由面接法とは逆に，質問内容や評価の基準などがあらかじめ決まっている。実際には自由面接法と併用で，おおまかな質問事項や判定基準，評価ポイントを決めておき，質疑応答の内容上の制限を緩和しておくスタイルが一般的。1次面接などでは標準面接法をとり，2次以降で自由面接法をとる企業も多い。

●非指示面接法

受験者に自由に発言してもらい，面接官は話題を引き出したりするときなど，最小限の質問をするという方法。

●圧迫面接法

わざと受験者の精神状態を緊張させ，受験者がどのような応答をするかを観察し，判定する。受験者は，冷静に対応することが肝心。

02 集団面接

面接の方法は個人面接と大差ないが，面接官がひとつの質問をして，受験者が順にそれに答えるという方法と，面接官が司会役になって，座談会のような形式で進める方法とがある。

座談会のようなスタイルでの面接は，なるべく受験者全員が関心をもっているような話題を取りあげ，意見を述べさせるという方法。この際，司会役以外の面接官は一言も発言せず，判定・評価に専念する。

03 グループディスカッション

グループディスカッション（以下，GD）の時間は30～60分程度，1グループの人数は5～10人程度で，司会は面接官が行う場合や，時間を決めて学生が交替で行うことが多い。面接官は内容については特に指示することはなく，受験者がどのようにGDを進めるかを観察する。

評価のポイントは，全体的には理解力，表現力，指導性，積極性，協調性など，個別的には性格，知識，適性などが観察される。

GDの特色は，集団の中での個人ということで，受験者の能力がどの程度のものであるか，また，どのようなことに向いているかを判定できること。受験者は，グループの中における自分の位置を面接官に印象づけることが大切だ。

グループディスカッション方式の面接におけるチェックポイント

- ❏全体の中で適切な論点を提供できているかどうか。
- ❏問題解決に役立つ知識を持っているか，また提供できているかどうか。
- ❏もつれた議論を解きほぐし，的はずれの議論を元に引き戻す努力をしているかどうか。
- ❏グループ全体としての目標をいつも考えているかどうか。
- ❏感情的な対立や攻撃をしかけているようなことはないか。
- ❏他人の意見に耳を傾け，よい意見には賛意を表し，それを全体に推し広げようという寛大さがあるかどうか。
- ❏議論の流れを自然にリードするような主導性を持っているかどうか。
- ❏提出した意見が議論の進行に大きな影響を与えているかどうか。

04 面接時の注意点

●控え室

控え室には，指定された時間の15分前には入室しよう。そこで担当の係から，面接に際しての注意点や手順の説明が行われるので，疑問点は積極的に聞くようにし，心おきなく面接にのぞめるようにしておこう。会社によっては，所定のカードに必要事項を書き込ませたり，お互いに自己紹介をさせたりする場合もある。また，この控え室での行動も細かくチェックして，合否の資料にしている会社もある。

●入室・面接開始

係員がドアの開閉をしてくれる場合もあるが，それ以外は軽くノックして入室し，必ずドアを閉める。そして入口近くで軽く一礼し，面接官か補助員の「どうぞ」という指示で正面の席に進み，ここで再び一礼をする。そして，学校名と氏名を名のって静かに着席する。着席時は，軽く椅子にかけるようにする。

●面接終了と退室

面接の終了が告げられたら，椅子から立ち上がって一礼し，椅子をもとに戻して，面接官または係員の指示を受けて退室する。

その際も，ドアの前で面接官のほうを向いて頭を下げ，静かにドアを開閉する。控え室に戻ったら，係員の指示を受けて退社する。

05 面接試験の評定基準

●協調性

企業という「集団」では，他人との協調性が特に重視される。

感情や態度が円満で調和がとれていること，極端に好悪の情が激しくなく，物事の見方や考え方が穏健で中立であることなど，職場での人間関係を円滑に進めていくことのできる人物かどうかが評価される。

●話し方

外観印象的には，言語の明瞭さや応答の態度そのものがチェックされる。小さな声で自信のない発言，乱暴野卑な発言は減点になる。

考えをまとめたら，言葉を選んで話すくらいの余裕をもって，真剣に応答しようとする姿勢が重視される。軽率な応答をしたり，まして発言に矛盾を指摘されるような事態は極力避け，もしそのような状況になりそうなときは，自分の非を認めてはっきりと謝るような態度を示すべき。

●好感度

実社会においては，外観による第一印象が，人間関係や取引に大きく影響を及ぼす。

「フレッシュな爽やかさ」に加え，入社志望など，自分の意思や希望をより明確にすることで，強い信念に裏づけられた姿勢をアピールできるよう努力したい。

●判断力

何を質問されているのか，何を答えようとしているのか，常に冷静に判断していく必要がある。

●表現力

話に筋道が通り理路整然としているか，言いたいことが簡潔に言えるか，話し方に抑揚があり聞く者に感銘を与えるか，用語が適切でボキャブラリーが豊富かどうか。

●積極性

活動意欲があり，研究心旺盛であること，進んで物事に取り組み，創造的に解決しようとする意欲が感じられること，話し方にファイトや情熱が感じられること，など。

●計画性

見通しをもって順序よく合理的に仕事をする性格かどうか，またその能力の有無。企業の将来性のなかに，自分の将来をどうかみ合わせていこうとしているか，現在の自分を出発点として，何を考え，どんな仕事をしたいのか。

●安定性

情緒の安定は，社会生活に欠くことのできない要素。自分自身をよく知っているか，他の人に流されない信念をもっているか。

●誠実性

自分に対して忠実であろうとしているか，物事に対してどれだけ誠実な考え方をしているか。

●社会性

企業は集団活動なので，自分の考えに固執したり，不平不満が多い性格は向かない。柔軟で適応性があるかどうか。

清潔感や明朗さ，若々しさといった外観面も重視される。

06 面接試験の質問内容

1. 志望動機

受験先の概要や事業内容はしっかりと頭の中に入れておく。また，その企業の企業活動の社会的意義と，自分自身の志望動機との関連を明確にしておく。「安定している」「知名度がある」「将来性がある」といった利己的な動機，「自分の性格に合っている」というような，あいまいな動機では説得力がない。安定性や将来性は，具体的にどのような企業努力によって支えられているのかという考察も必要だし，それに対する受験者自身の評価や共感なども問われる。

①どうしてその業種なのか

②どうしてその企業なのか

③どうしてその職種なのか

以上の①～③と，自分の性格や資質，専門などとの関連性を説明できるようにしておく。

自分がどうしてその会社を選んだのか，どこに大きな魅力を感じたのかを，できるだけ具体的に，情熱をもって語ることが重要。自分の長所と仕事の適性を結びつけてアピールし，仕事のやりがいや仕事に対する興味を述べるのもよい。

■複数の企業を受験していることは言ってもいい？

同じ職種，同じ業種で何社かかけもちしている場合，正直に答えてもかまわない。しかし，「第一志望はどこですか」というような質問に対して，正直に答えるべきかどうかというと，やはりこれは疑問がある。どんな会社でも，他社を第一志望にあげられれば，やはり愉快には思わない。

また，職種や業種の異なる会社をいくつか受験する場合も同様で，極端に性格の違う会社をあげれば，その矛盾を突かれるのは必至だ。

2. 仕事に対する意識・職業観

採用試験の段階では，次年度の配属予定が具体的に固まっていない会社もかなりある。具体的に職種や部署などを細分化して募集している場合は別だが，そうでない場合は，希望職種をあまり狭く限定しないほうが賢明。どの業界においても，採用後，新入社員には，研修としてその会社の各セクションをひと通り経験させる企業は珍しくない。そのうえで，具体的な配属計画を検討するのだ。

大切なことは，就職や職業というものを，自分自身の生き方の中にどう位置づけるか，また，自分の生活の中で仕事とはどういう役割を果たすのかを考えてみること。つまり自分の能力を活かしたい，社会に貢献したい，自分の存在価値を社会的に実現してみたい，ある分野で何か自分の力を試してみたい……，などの場合を考え，それを自分自身の人生観，志望職種や業種などとの関係を考えて組み立ててみる。自分の人生観をもとに，それを自分の言葉で表現できるようにすることが大切。

3. 自己紹介・自己PR

性格そのものを簡単に変えたり，欠点を克服したりすることは実際には難しいが，“仕方がない”という姿勢を見せることは禁物で，どんなささいなことでも，努力している面をアピールする。また一般的にいって，専門職を除けば，就職時になんらかの資格や技能を要求する企業は少ない。

ただ，資格をもっていれば採用に有利とは限らないが，専門性を要する業種では考慮の対象とされるものもある。たとえば英検，簿記など。

企業が学生に要求しているのは，4年間の勉学を重ねた学生が，どのように仕事に有用であるかということで，学生の知識や学問そのものを聞くのが目的ではない。あくまで，社会人予備軍としての謙虚さと素直さを失わないようにする。

知識や学力よりも，その人の人間性，ビジネスマンとしての可能性を重視するからこそ，面接担当者は，学生生活全般について尋ねることで，書類だけでは分からない人間性を探ろうとする。

何かうち込んだものや思い出に残る経験などは，その人の人間的な成長になんらかの作用を及ぼしているものだ。どんな経験であっても，そこから受けた印象や教訓などは，明確に答えられるようにしておきたい。

4. 一般常識・時事問題

一般常識・時事問題については筆記試験の分野に属するが，面接でこうしたテーマがもち出されることも珍しくない。受験者がどれだけ社会問題に関心をもっているか，一般常識をもっているか，また物事の見方・考え方に偏りがないかなどを判定する。知識や教養だけではなく，一問一答の応答を通じて，その人の性格や適応能力まで判断されることになる。

07 面接に向けての事前準備

■面接試験1カ月前までには万全の準備をととのえる

●志望会社・職種の研究

新聞の経済欄や経済雑誌などのほか，会社年鑑，株式情報など書物による研究をしたり，インターネットにあがっている企業情報や，検索によりさまざまな角度から調べる。すでにその会社へ就職している先輩や知人に会って知識を得たり，大学のキャリアセンターへ情報を求めるなどして総合的に判断する。

■専攻科目の知識・卒論のテーマなどの整理

大学時代にどれだけ勉強してきたか，専攻科目や卒論のテーマなどを整理しておく。

■時事問題に対する準備

毎日欠かさず新聞を読む。志望する企業の話題は，就職ノートに整理するなどもアリ。

面接当日の必需品

❏必要書類（履歴書，卒業見込証明書，成績証明書，健康診断書，推薦状）
❏学生証
❏就職ノート（志望企業ファイル）
❏印鑑，朱肉
❏筆記用具（万年筆，ボールペン，サインペン，シャープペンなど）
❏手帳，ノート
❏地図（訪問先までの交通機関などをチェックしておく）
❏現金（小銭も用意しておく）
❏腕時計（オーソドックスなデザインのもの）
❏ハンカチ，ティッシュペーパー
❏くし，鏡（女性は化粧品セット）
❏シューズクリーナー
❏ストッキング
❏折りたたみ傘（天気予報をチェックしておく）
❏携帯電話，充電器

理論編 STEP 6　筆記試験の種類

■一般常識試験

社会人として企業活動を行ううえで最低限必要となる一般常識のほか，英語，国語，社会(時事問題)，数学などの知識の程度を確認するもの。

難易度はおおむね中学・高校の教科書レベル。一般常識の問題集を1冊やっておけばよいが，業界によっては専門分野が出題されることもあるため，必ず志望する企業のこれまでの試験内容は調べておく。

■一般常識試験の対策

- **英語**　慣れておくためにも，教科書を復習する，英字新聞を読むなど。
- **国語**　漢字，四字熟語，反対語，同音異義語，ことわざをチェック。
- **時事問題**　新聞や雑誌，テレビ，ネットニュースなどアンテナを張っておく。

■適性検査

SPI（Synthetic Personality Inventory）試験（SPI3試験）とも呼ばれ，能力テストと性格テストを合わせたもの。

能力テストでは国語能力を測る「言語問題」と，数学能力を測る「非言語問題」がある。言語的能力，知覚能力，数的能力のほか，思考・推理能力，記憶力，注意力などの問題で構成されている。

性格テストは「はい」か「いいえ」で答えていく。仕事上の適性と性格の傾向などが一致しているかどうかをみる。

Point

SPIは職務への適応性を客観的にみるためのもの。

理論編 STEP 7

論作文の書き方

01 「論文」と「作文」

一般に「論文」はあるテーマについて自分の意見を述べ，その論証をする文章で，必ず意見の主張とその論証という2つの部分で構成される。問題提起と論旨の展開，そして結論を書く。

「作文」は，一般的には感想文に近いテーマ，たとえば「私の興味」「将来の夢」といったものがある。

就職試験では「論文」と「作文」を合わせた“論作文”とでもいうようなものが出題されることが多い。

論作文試験とは，「文章による面接」。テーマに書き手がどういう態度を持っているかを知ることが，出題の主な目的だ。受験者の知識・教養・人生観・社会観・職業観，そして将来への希望などが，どのような思考を経て，どう表現されているかによって，企業にとって，必要な人物かどうかを判断している。

論作文の場合には，書き手の社会的意識や考え方に加え，「感銘を与える」働きが要求される。就職活動とは，企業に対し「自分をアピールすること」だということを常に念頭に置いておきたい。

Point

論文と作文の違い

	論　文	作　文
テーマ	学術的・社会的・国際的なテーマ。時事，経済問題など	個人的・主観的なテーマ。人生観，職業観など
表現	自分の意見や主張を明確に述べる。	自分の感想を述べる。
展開	四段型（起承転結）の展開が多い。	三段型（はじめに・本文・結び）の展開が多い。
文体	「だ調・である調」のスタイルが多い。	「です調・ます調」のスタイルが多い。

02 採点のポイント

・テーマ

与えられた課題（テーマ）を，受験者はどのように理解しているか。

出題されたテーマの意義をよく考え，それに対する自分の意見や感情が，十分に整理されているかどうか。

・表現力

課題について本人が感じたり，考えたりしたことを，文章で的確に表しているか。

・字・用語・その他

かなづかいや送りがなが合っているか，文中で引用されている格言やことわざの類が使用法を間違えていないか，さらに誤字・脱字に至るまで，文章の基本的な力が受験者の人柄ともからんで厳密に判定される。

・オリジナリティ

魅力がある文章とは，オリジナリティを率直に出すこと。自分の感情や意見を，自分の言葉で表現する。

・生活態度

文章は，書き手の人格や人柄を映し出す。平素の社会的関心や他人との協調性，趣味や読書傾向はどうであるかといった，受験者の日常における生き方，生活態度がみられる。

・字の上手・下手

できるだけ読みやすい字を書く努力をする。また，制限字数より文章が長くなって原稿用紙の上下や左右の空欄に書き足したりすることは避ける。消しゴムで消す場合にも，丁寧に。

いずれの場合でも，表面的な文章力を問うているのではなく，受験者の人柄のほうを重視している。

実践編

マナーチェックリスト

就活において企業の人事担当は，面接試験やOG／OB訪問，そして面接試験において，あなたのマナーや言葉遣いといった，「常識力」をチェックしている。現在の自分はどのくらい「常識力」が身についているかをチェックリストで振りかえり，何ができて，何ができていないかを明確にしたうえで，今後の取り組みに生かしていこう。

評価基準　5：大変良い　4：やや良い　3：どちらともいえない　2：やや悪い　1：悪い

	項目	評価	メモ
挨拶	明るい笑顔と声で挨拶をしているか		
	相手を見て挨拶をしているか		
	相手より先に挨拶をしているか		
	お辞儀を伴った挨拶をしているか		
	直接の応対者でなくても挨拶をしているか		
表情	笑顔で応対しているか		
	表情に私的感情がでていないか		
	話しかけやすい表情をしているか		
	相手の話は真剣な顔で聞いているか		
身だしなみ	前髪は目にかかっていないか		
	髪型は乱れていないか／長い髪はまとめているか		
	髭の剃り残しはないか／化粧は健康的か		
	服は汚れていないか／清潔に手入れされているか		
	機能的で職業・立場に相応しい服装をしているか		
	華美なアクセサリーはつけていないか		
	爪は伸びていないか		
	靴下の色は適当か／ストッキングの色は自然な肌色か		
	靴の手入れは行き届いているか		
	ポケットに物を詰めすぎていないか		

	項目	評価	メモ
言葉遣い	専門用語を使わず，相手にわかる言葉で話しているか		
	状況や相手に相応しい敬語を正しく使っているか		
	相手の聞き取りやすい音量・速度で話しているか		
	語尾まで丁寧に話しているか		
	気になる言葉癖はないか		
動作	物の授受は両手で丁寧に実施しているか		
	案内・指し示し動作は適切か		
	キビキビとした動作を心がけているか		
心構え	勤務時間・指定時間の５分前には準備が完了しているか		
	心身ともに健康管理をしているか		
	仕事とプライベートの切替えができているか		

常に自己点検をするクセをつけよう

「人を表情やしぐさ，身だしなみなどの見かけで判断してはいけない」と一般にいわれている。確かに，人の個性は見かけだけではなく，内面においても見いだされるもの。しかし，私たちは人を第一印象である程度決めてしまう傾向がある。それが面接試験など初対面の場合であればなおさらだ。したがって，チェックリストにあるような挨拶，表情，身だしなみ等に注意して面接試験に臨むことはとても重要だ。ただ，これらは面接試験前にちょっと対策したからといって身につくようなものではない。付け焼き刃的な対策をして面接試験に臨んでも，面接官はあっという間に見抜いてしまう。日頃からチェックリストにあるような項目を意識しながら行動することが大事であり，そうすることで，最初はぎこちない挨拶や表情等も，その人の個性に応じたすばらしい所作へ変わっていくことができるのだ。さっそく，本日から実行してみよう。

実践編 STEP 1

表情

面接試験において，印象を決定づける表情はとても大事。
どのようにすれば感じのいい表情ができるのか，ポイントを確認していこう。

明るく，温和で柔らかな表情をつくろう

人間関係の潤滑油

表情に関しては，まずは豊かであるということがベースになってくる。うれしい表情，困った表情，驚いた表情など，さまざまな気持ちを表現できるということが，人間関係を潤いのあるものにしていく。

Point

表情はコミュニケーションの大前提。相手に「いつでも話しかけてくださいね」という無言の言葉を発しているのが，就活に求められる表情だ。面接官が安心してコミュニケーションをとろうと思ってくれる表情。それが，明るく，温和で柔らかな表情となる。

いますぐデキる
カンタンTraining

Training 01
喜怒哀楽を表してみよう

・人との出会いを楽しいと思うことが表情の基本
・表情を豊かにする大前提は相手の気持ちに寄り添うこと
・目元・口元だけでなく，眉の動きを意識することが大事

Training 02
表情筋のストレッチをしよう

・表情筋は「ウイスキー」の発音によって鍛える
・意識して毎日，取り組んでみよう
・笑顔の共有によって相手との距離が縮まっていく

実践編

STEP 2 挨拶

コミュニケーションは挨拶から始まり，その挨拶ひとつで印象は変わるもの。ポイントを確認していこう。

丁寧にしっかりと はっきり挨拶をしよう

人間関係の第一歩

挨拶は心を開いて，相手に近づくコミュニケーションの第一歩。たかが挨拶，されど挨拶の重要性をわきまえて，きちんとした挨拶をしよう。形，つまり“技”も大事だが，心をこめることが最も重要だ。

Point

挨拶はコミュニケーションの第一歩。相手が挨拶するのを待っているのは望ましくない。挨拶の際のポイントは丁寧であることと，はっきり声に出すことの2つ。丁寧な挨拶は，相手を大事にして迎えている気持ちの表れとなる。はっきり声に出すことで，これもきちんと相手を迎えていることが伝わる。また，相手もその応答として挨拶してくれることで，会ってすぐに双方向のコミュニケーションが成立する。

いますぐデキる

カンタンTraining

Training 01

3つのお辞儀をマスターしよう

① 会釈（15度）

② 敬礼（30度）

③ 最敬礼（45度）

- 息を吸うことを意識してお辞儀をするとキレイな姿勢に
- 目線は真下ではなく，床前方1.5m先ぐらいを見よう
- 相手への敬意を忘れずに

Training 02

対面時は言葉が先，お辞儀が後

- 相手に体を向けて先に自ら挨拶をする
- 挨拶時，相手とアイコンタクトをしっかり取ろう
- 挨拶の後に，お辞儀をする。これを「語先後礼」という

実践編 STEP 3

聞く姿勢

コミュニケーションは「話す」よりも「聞く」ことといわれる。相手が話しやすい聞き方の，ポイントを確認しよう。

受容の立場で
傾聴しよう
相手の話を受けとめる

話を聞くときは，やや前に傾く姿勢をとる。表情と姿勢が合わさることにより，話し手の心が開き「あれも，これも話そう」という気持ちになっていく。また，「はい」と一度のお辞儀で頷くと相手の話を受け止めているというメッセージにつながる。

Point

話をすること，話を聞いてもらうことは誰にとってもプレッシャーを伴うもの。そのため，「何でも話して良いんですよ」「何でも話を聞きますよ」「心配しなくて良いんですよ」という気持ちで聞くことが大切になる。その気持ちが聞く姿勢に表れれば，相手は安心して話してくれる。

いますぐデキる

カンタンTraining

Training **01**

頷きは一度で

・相手が話した後に「はい」と
　一言発する
・頷きすぎは逆効果

Training **02**

目線は自然に

・鼻の付け根あたりを見ると
　自然な印象に
・目を見つめすぎるのはNG

Training **03**

話の句読点で視線を移す

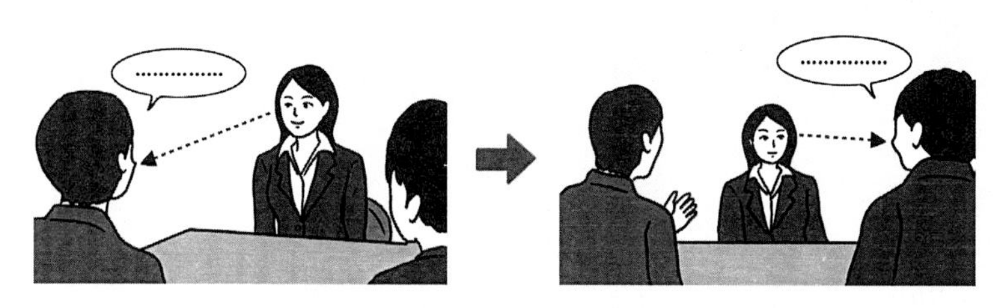

・視線は話している人を見ることが基本
・複数の人の話を聞くときは句読点を意識し，
　視線を振り分けることで聞く姿勢を表す

実践編 STEP 4

伝わる話し方

自分の意思を相手に明確に伝えるためには，話し方が重要となる。はっきりと的確に話すためのポイントを確認しよう。

ボリュームを意識して

話すときのポイントとしては，ボリュームを意識することが挙げられる。会議室の一番奥にいる人に声が届くように意識することで，声のボリュームはコントロールされていく。

Point

コミュニケーションとは「伝達」すること。どのようなことも，適当に伝えるのではなく，伝えるべきことがきちんと相手に届くことが大切になる。そのためには，はっきりと，分かりやすく，丁寧に，心を込めて話すこと。言葉だけでなく，表情やジェスチャーを加えることも有効。

いますぐデキる

カンタンTraining

Training 01

腹式呼吸で発声練習

・「あえいうえおあお」と発声する
・腹式呼吸は，胸部をなるべく動かさずに，息を吸うときにお腹や腰が膨らむよう意識する呼吸法

Training 02

早口言葉にチャレンジ

・「おあやや，母親に，お謝り」と早口で
・口がすぼまった「お」と口が開いた「あ」の発音に，変化をつけられるかがポイント

Training 03

ジェスチャーを有効活用

・腰より上でジェスチャーをする
・体から離した位置に手をもっていく
・ジェスチャーをしたら戻すところをさだめておく

実践編

STEP 5 身だしなみ

身だしなみはその人自身を表すもの。身だしなみの基本について，ポイントを確認しよう。

清潔感，さわやかさを醸し出せるようにしよう

プロの企業人にふさわしい身だしなみを

信頼感，安心感をもたれる身だしなみを考えよう。TPOに合わせた服装は，すなわち“礼”を表している。そして，身だしなみには，「清潔感」，「品のよさ」，「控え目である」という，3つのポイントがある。

Point

相手との心理的な距離や物理的な距離が遠ければ，コミュニケーションは成立しにくくなる。見た目が不潔では誰も近付いてこない。身だしなみが清潔であること，爽やかであることは相手との距離を縮めることにも繋がる。

いますぐデキる

カンタンTraining

Training 01

髪型，服装を整えよう

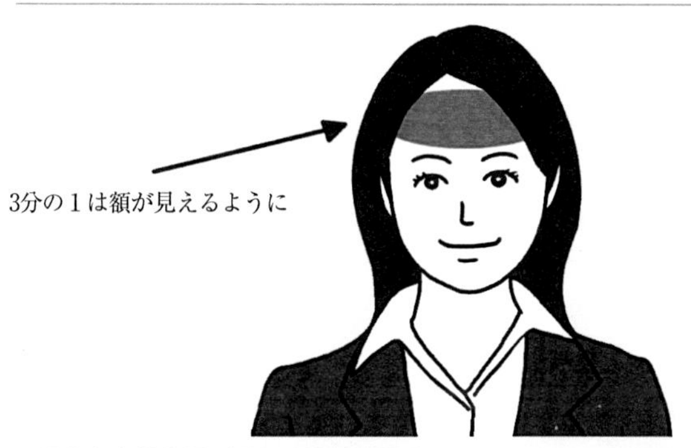

・男性も女性も眉が見える髪型が望ましい。３分の１は額が見えるように。額は知性と清潔感を伝える場所。男性の髪の長さは耳や襟にかからないように
・スーツで相手の前に立つときは，ボタンはすべて留める。男性の場合は下のボタンは外す

Training 02

おしゃれとの違いを明確に

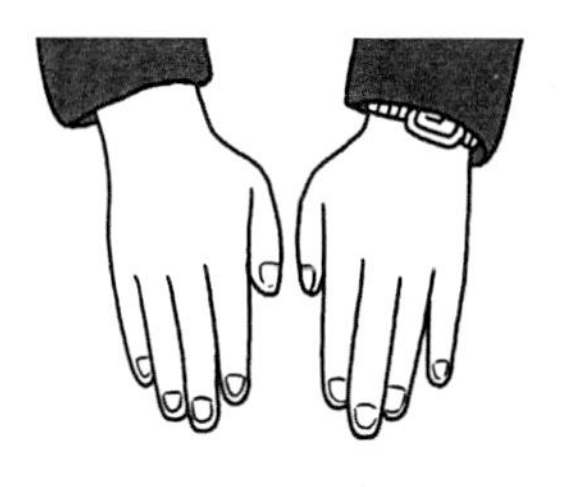

・爪はできるだけ切りそろえる
・爪の中の汚れにも注意
・ジェルネイル，ネイルアートはNG

Training 03

足元にも気を配って

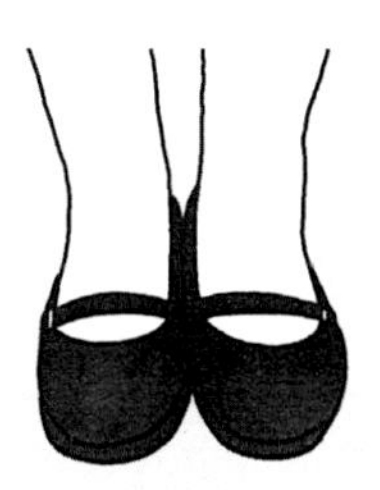

・女性の場合はパンプス，男性の場合は黒の紐靴が望ましい
・靴はこまめに汚れを落とし見栄えよく

実践編

STEP 6 姿勢

姿勢にはその人の意欲が反映される。前向き，活動的な姿勢を表すにはどうしたらよいか，ポイントを確認しよう。

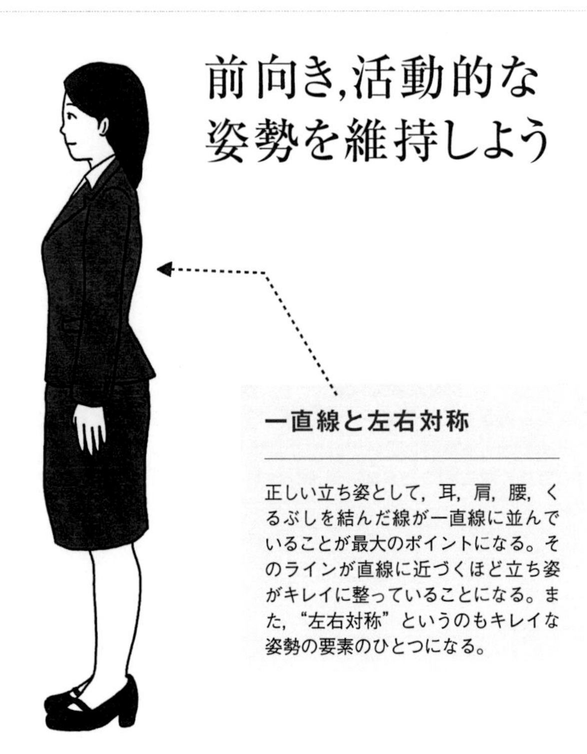

前向き,活動的な
姿勢を維持しよう
一直線と左右対称
正しい立ち姿として，耳，肩，腰，くるぶしを結んだ線が一直線に並んでいることが最大のポイントになる。そのラインが直線に近づくほど立ち姿がキレイに整っていることになる。また，“左右対称”というのもキレイな姿勢の要素のひとつになる。

Point

姿勢は，身体と心の状態を反映するもの。そのため，良い姿勢でいることは，印象が清々しいだけでなく，健康で元気そうに見え，話しかけやすさにも繋がる。歩く姿勢，立つ姿勢，座る姿勢など，どの場面にも心身の健康状態が表れるもの。日頃から心身の健康状態に気を配り，フィジカルとメンタル両面の自己管理を心がけよう。

いますぐデキる
カンタンTraining

Training 01
キレイな歩き方を心がけよう

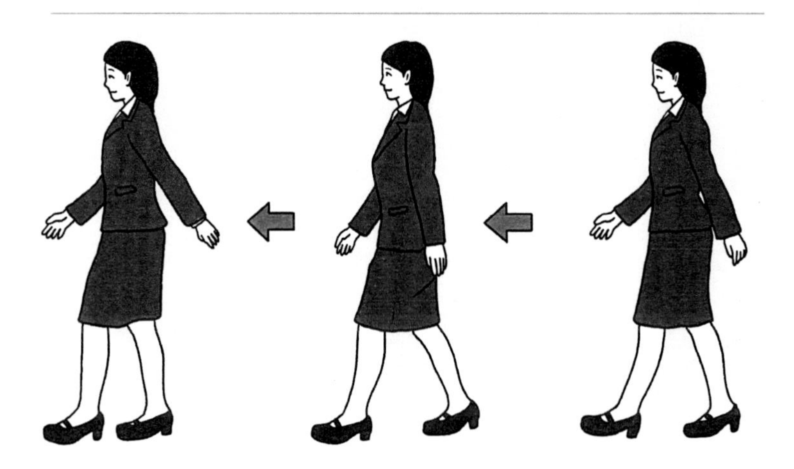

・女性は１本の線上を，男性はそれよりも太い線上を沿うように歩く
・一歩踏み出したときに前の足に体重を乗せるように，腰から動く
・12時の方向につま先をもっていく

Training 02
前向きな気持ちを持とう

・常に前向きな気持ちが姿勢を正す
・ポジティブ思考を心がけよう

実践編

STEP 7 正しい言葉遣い

言葉遣いの正しさはとは，場面にあった言葉を遣うということ。相手を気づかいながら，言葉を選ぶことで，より正しい言葉に近づいていく。

相手と場面に合わせた ふさわしい言葉遣いを

次の文は接客の場面でよくある間違えやすい敬語です。
それぞれの言い方は○×どちらでしょうか。

問1「資料をご拝読いただきありがとうございます」

問2「こちらのパンフレットはもういただかれましたか？」

問3「恐れ入りますが，こちらの用紙にご記入してください」

問4「申し訳ございませんが，来週，休ませていただきます」

問5「先ほどの件，帰りましたら上司にご報告いたしますので」

Point

ビジネスのシーンに敬語は欠くことができない。何度もやり取りをしていく中で，親しさの度合いによっては，あえてくだけた表現を用いることもあるが，「親しき仲にも礼儀あり」と言われるように，敬意や心づかいをおろそかにしてはいけないもの。相手に誤解されたり，相手の気分を壊すことのないように，相手や場面にふさわしい言葉遣いが大切になる。

解答と解説

問１（×）　○正しい言い換え例

→「ご覧いただきありがとうございます」など

「拝読」は自分が「読む」意味の謙譲語なので，相手の行為に使うのは誤り。読むと見るは同義なため，多く，見るの尊敬語「ご覧になる」が用いられる。

問２（×）　○正しい言い換え例

→「お持ちですか」「お渡ししましたでしょうか」 など

「いただく」は，食べる・飲む・もらうの謙譲語。「もらったかどうか」と聞きたいのだから，「おもらいになりましたか」と言えないこともないが，持っているかどうか，受け取ったかどうかという意味で「お持ちですか」などが使われることが多い。また，自分側が渡すような場合は，「お渡しする」を使って「お渡ししましたでしょうか」などの言い方に換えることもできる。

問３（×）　○正しい言い換え例

→「恐れ入りますが，こちらの用紙にご記入ください」など

「ご記入する」の「お（ご）～する」は謙譲語の形。相手の行為を謙譲語で表すことになるため誤り。「して」を取り除いて「ご記入ください」か，和語に言い換えて「お書きください」とする。ほかにも「お書き／ご記入・いただけますでしょうか・願います」などの表現もある。

問４（△）

有給休暇を取る場合や，弔事等で休むような場面で，用いられることも多い。「休ませていただく」ということで一見丁寧に響くが，「来週休むと自分で休みを決めている」という勝手な表現にも受け取られかねない言葉だ。ここは同じ「させていただく」を用いても，相手の都合をうかがう言い方に換えて「○○がございまして，申し訳ございませんが，休みをいただいてもよろしいでしょうか」などの言い換えが好ましい。

問５（×）○正しい言い換え例

→「上司に報告いたします」

「ご報告いたします」は，ソトの人との会話で使うとするならば誤り。「ご報告いたします」の「お・ご～いたす」は，「お・ご～する」と「～いたす」という２つの敬語を含む言葉。そのうちの「お・ご～する」は，主語である自分を低めて相手＝上司を高める働きをもつ表現（謙譲語Ⅰ）。一方「～いたす」は，主語の私を低めて，話の聞き手に対して丁重に述べる働きをもつ表現（謙譲語Ⅱ　丁重語）。「お・ご～する」も「～いたす」も同じ謙譲語であるため紛らわしいが，主語を低める（謙譲）という働きは同じでも，行為の相手を高める働きがあるかないかという点に違いがあるといえる。

実践編
STEP 8 正しい敬語

敬語は正しく使用することで，相手の印象を大きく変えることができる。尊敬語，謙譲語の区別をはっきりつけて，誤った用法で話すことのないように気をつけよう。

言葉の使い方がマナーを表す!

■よく使われる尊敬語の形 「言う・話す・説明する」の例

専用の尊敬語型	おっしゃる
～れる・～られる型	言われる・話される・説明される
お（ご）～になる型	お話しになる・ご説明になる
お（ご）～なさる型	お話しなさる・ご説明なさる

■よく使われる謙譲語の形 「言う・話す・説明する」の例

専用の謙譲語型	申す・申し上げる
お（ご）～する型	お話しする・ご説明する
お（ご）～いたす型	お話しいたします・ご説明いたします

Point

同じ尊敬語・謙譲語でも，よく使われる代表的な形がある。ここではその一例をあげてみた。敬語の使い方に迷ったときなどは，まずはこの形を思い出すことで，大抵の語はこの型にはめ込むことができる。同じ言葉を用いたほうがよりわかりやすいといえるので，同義に使われる「言う・話す・説明する」を例に考えてみよう。

ほかにも「お話しくださる」や「お話しいただく」「お元気でいらっしゃる」などの形もあるが，まずは表の中の形を見直そう。

■よく使う動詞の尊敬語・謙譲語

なお，尊敬語の中の「言われる」などの「れる・られる」を付けた形は省力している。

基本	尊敬語（相手側）	謙譲語（自分側）
会う	お会いになる	お目にかかる・お会いする
言う	おっしゃる	申し上げる・申す
行く・来る	いらっしゃる おいでになる お見えになる お越しになる お出かけになる	伺う・参る お伺いする・参上する
いる	いらっしゃる・おいでになる	おる
思う	お思いになる	存じる
借りる	お借りになる	拝借する・お借りする
聞く	お聞きになる	拝聴する 拝聞する お伺いする・伺う お聞きする
知る	ご存じ（知っているという意で）	存じ上げる・存じる
する	なさる	いたす
食べる・飲む	召し上がる・お召し上がりになる お飲みになる	いただく・頂戴する
見る	ご覧になる	拝見する
読む	お読みになる	拝読する

「お伺いする」「お召し上がりになる」などは，「伺う」「召し上がる」自体が敬語なので「二重敬語」ですが，慣習として定着しており間違いではないもの。

Point

上記の「敬語表」は，よく使うと思われる動詞をそれぞれ尊敬語・謙譲語で表したもの。このように大体の言葉は型にあてはめることができる。言葉の中には「お（ご）」が付かないものもあるが，その場合でも「～なさる」を使って，「スピーチなさる」や「運営なさる」などと言うことができる。また，表では，「言う」の尊敬語「言われる」の例は省いているが，れる・られる型の「言われる」よりも「おっしゃる」「お話しになる」「お話しなさる」などの言い方のほうが，より敬意も高く，言葉としても何となく響きが落ち着くといった印象を受けるものとなる。

実践編 **STEP 9**

会話力

会話は相手があってのこと。いかなる場合でも，相手に対する心くばりを忘れないことが，会話をスムーズに進めるためのコツになる。

心くばりを添えるひと言で言葉の印象が変わる!

相手に何かを頼んだり，また相手の依頼を断ったり，相手の抗議に対して反論したりする場面では，いきなり自分の意見や用件を切り出すのではなく，場面に合わせて心くばりを伝えるひと言を添えてから本題に移ると，響きがやわらかくなり，こちらの意向も伝えやすくなる。俗にこれは「クッション言葉」と呼ばれている。(右表参照)

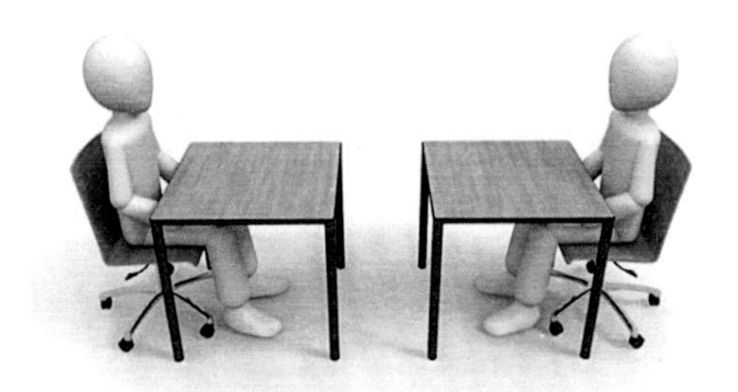

Point

ビジネスの場面で，相手と話したり手紙やメールを送る際には，何か依頼事があってという場合が多いもの。その場合に「ちょっとお願いなんですが…」では，ふだんの会話と変わりがないものになってしまう。そこを「突然のお願いで恐れ入りますが」「急にご無理を申しまして」「こちらの勝手で恐縮に存じますが」「折り入ってお願いしたいことがございまして」などの一言を添えることで，直接的なきつい感じが和らぐだけでなく，「申し訳ないのだけれど，もしもそうしていただくことができればありがたい」という，相手への配慮や願いの気持ちがより強まる。このような前置きの言葉もうまく用いて，言葉に心くばりを添えよう。

相手の意向を尋ねる場合	「よろしければ」「お差し支えなければ」 「ご都合がよろしければ」「もしお時間がありましたら」 「もしお嫌いでなければ」「ご興味がおありでしたら」
相手に面倒をかけてしまうような場合	「お手数をおかけしますが」 「ご面倒をおかけしますが」 「お手を煩わせまして恐縮ですが」 「お忙しい時に申し訳ございませんが」 「お時間を割いていただき申し訳ありませんが」 「貴重なお時間を頂戴し恐縮ですが」
自分の都合を述べるような場合	「こちらの勝手で恐縮ですが」 「こちらの都合（ばかり）で申し訳ないのですが」 「私どもの都合ばかりを申しまして，まことに申し訳なく存じますが」 「ご無理を申し上げまして恐縮ですが」
急な話をもちかけた場合	「突然のお願いで恐れ入りますが」 「急にご無理を申しまして」 「もっと早くにご相談申し上げるべきところでございましたが」 「差し迫ってのことでまことに申し訳ございませんが」
何度もお願いする場合	「たびたびお手数をおかけしまして恐縮に存じますが」 「重ね重ね恐縮に存じますが」 「何度もお手を煩わせまして申し訳ございませんが」 「ご面倒をおかけしてばかりで，まことに申し訳ございませんが」
難しいお願いをする場合	「ご無理を承知でお願いしたいのですが」 「たいへん申し上げにくいのですが」 「折り入ってお願いしたいことがございまして」
あまり親しくない相手にお願いする場合	「ぶしつけなお願いで恐縮ですが」 「ぶしつけながら」 「まことに厚かましいお願いでございますが」
相手の提案・誘いを断る場合	「申し訳ございませんが」 「（まことに）残念ながら」 「せっかくのご依頼ではございますが」 「たいへん恐縮ですが」 「身に余るお言葉ですが」 「まことに失礼とは存じますが」 「たいへん心苦しいのですが」 「お引き受けしたいのはやまやまですが」
問い合わせの場合	「つかぬことをうかがいますが」 「突然のお尋ねで恐縮ですが」

実践編 STEP 10

文章の書き方

ここでは文章の書き方における，一般的な敬称について言及している。はがき，手紙，メール等，通信手段はさまざま。それぞれの特性をふまえて有効活用しよう。

相手の気持ちになって
見やすく美しく書こう

■敬称のいろいろ

敬称	使う場面	例
様	職名・役職のない個人	（例）飯田知子様／ご担当者様／経理部長　佐藤一夫様
殿	職名・組織名・役職のある個人（公用文など）	（例）人事部長殿／教育委員会殿／田中四郎殿
先生	職名・役職のない個人	（例）松井裕子先生
御中	企業・団体・官公庁などの組織	（例）○○株式会社御中
各位	複数あてに同一文書を出すとき	（例）お客様各位／会員各位

Point

封筒・はがきの表書き・裏書きは縦書きが基本だが，洋封筒で親しい人にあてる場合は，横書きでも問題ない。いずれにせよ，定まった位置に，丁寧な文字でバランス良く，正確に記すことが大切。特に相手の住所や名前を乱雑な文字で書くのは，配達の際の間違いを引き起こすだけでなく，受け取る側に不快な思いをさせる。相手の気持ちになって，見やすく美しく書くよう心がけよう。

■各通信手段の長所と短所

	長所	短所	用途
封書	・封を開けなければ本人以外の目に触れることがない。 ・丁寧な印象を受ける。	・多量の資料・画像送付には不向き。 ・相手に届くまで時間がかかる。	・儀礼的な文書(礼状・わび状など) ・目上の人あての文書 ・重要な書類 ・他人に内容を読まれたくない文書
はがき・カード	・封書よりも気軽にやり取りできる。 ・年賀状や季節の便り，旅先からの連絡など絵はがきとしても楽しむことができる。	・封に入っていないため，第三者の目に触れることがある。 ・中身が見えるので，改まった礼状やわび状，こみ入った内容には不向き。 ・相手に届くまで時間がかかる。	・通知状　・案内状 ・送り状　・旅先からの便り ・各種お祝い　・お礼 ・季節の挨拶
FAX	・手書きの図やイラストを文章といっしょに送れる。 ・すぐに届く。 ・控えが手元に残る。	・多量の資料の送付には不向き。 ・事務的な用途で使われることが多く，改まった内容の文書，初対面の人へは不向き。	・地図，イラストの入った文書 ・印刷物（本・雑誌など）
電話	・急ぎの連絡に便利。 ・相手の反応をすぐに確認できる。 ・直接声が聞けるので，安心感がある。	・連絡できる時間帯が制限される。 ・長々としたこみ入った内容は伝えづらい。	・緊急の用件 ・確実に用件を伝えたいとき
メール	・瞬時に届く。　・控えが残る。 ・コストが安い。 ・大容量の資料や画像をデータで送ることができる。 ・一度に大勢の人に送ることができる。 ・相手の居場所や状況を気にせず送れる。	・事務的な印象を与えるので，改まった礼状やわび状には不向き。 ・パソコンや携帯電話を持っていない人には送れない。 ・ウィルスなどへの対応が必要。	・データで送りたいとき ・ビジネス上の連絡

Point

はがきは手軽で便利だが，おわびやお願い，格式を重んじる手紙には不向きとなる。この種の手紙は内容もこみ入ったものとなり，加えて丁寧な文章で書かなければならないので，数行で済むことはまず考えられない。また，封筒に入っていないため，他人の目に触れるという難点もある。このように，はがきにも長所と短所があるため，使う場面や相手によって，他の通信手段と使い分けることが必要となる。

はがき以外にも，封書・電話・ＦＡＸ・メールなど，現代ではさまざまな通信手段がある。上に示したように，それぞれ長所と短所があるので，特徴を知って用途によって上手に使い分けよう。

実践編 STEP 11

電話応対

社会人のマナーとして，電話応対のスキルは必要不可欠。まずは失礼なく電話に出ることからはじめよう。積極性が重要だ。

相手の顔が見えない分
対応には細心の注意を

■電話をかける場合

① ○○先生に電話をする

×「私，□□社の××と言いますが，○○様はおられますでしょうか？」

○**「××と申しますが，○○様はいらっしゃいますか？」**

「おられますか」は「おる」を謙譲語として使うため，通常は相手がいるかどうかに関しては，「いらっしゃる」を使うのが一般的。

② 相手の状況を確かめる

×「こんにちは，××です，先日のですね…」

○**「××です，先日は有り難うございました，今お時間よろしいでしょうか？」**

相手が忙しくないかどうか，状況を聞いてから話を始めるのがマナー。また，やむを得ず夜間や早朝，休日などに電話をかける際は，「夜分（朝早く）に申し訳ございません」「お休みのところ恐れ入ります」などのお詫びの言葉もひと言添えて話す。

③ 相手が不在，何時ごろ戻るかを聞く場合

×「戻りは何時ごろですか？」

○**「何時ごろお戻りになりますでしょうか？」**

「戻り」はそのままの言い方，相手にはきちんと尊敬語を使う。

④ また自分からかけることを伝える

×「そうですか，ではまたかけますので」

○**「それではまた後ほど（改めて）お電話させていただきます」**

戻る時間がわかる場合は，「またお戻りになりましたころにでも」「また午後にでも」などの表現もできる。

■電話を受ける場合

①　電話を取ったら

×「はい，もしもし，○○（社名）ですが」

○**「はい，○○（社名）でございます」**

②　相手の名前を聞いて

×「どうも，どうも」

○**「いつもお世話になっております」**

あいさつ言葉として定着している決まり文句ではあるが，日頃のお付き合いがあってこそ。あいさつ言葉もきちんと述べよう。「お世話様」という言葉も時折耳にするが，敬意が軽い言い方となる。適切な言葉を使い分けよう。

③　相手が名乗らない

×「どなたですか？」「どちらさまですか？」

○**「失礼ですが，お名前をうかがってもよろしいでしょうか？」**

名乗るのが基本だが，尋ねる態度も失礼にならないように適切な応対を心がけよう。

④　電話番号や住所を教えてほしいと言われた場合

×「はい，いいでしょうか？」　×「メモのご用意は？」

○**「はい，申し上げます，よろしいでしょうか？」**

「メモのご用意は？」は，一見親切なようにも聞こえるが，尋ねる相手も用意していることがほとんど。押し付けがましくならない程度に。

⑤　上司への取次を頼まれた場合

×「はい，今代わります」　×「○○部長ですね，お待ちください」

○**「部長の○○でございますね，ただいま代わりますので，少々お待ちくださいませ」**

○○部長という表現は，相手側の言い方となる。自分側を述べる場合は，「部長の○○」「○○」が適切。

自分から電話をかける場合は，まずは自分の会社名や氏名を名乗るのがマナー。たとえ目的の相手が直接出た場合でも，電話では相手の様子が見えないことがほとんど。自分の勝手な判断で話し始めるのではなく，相手の都合を伺い，そのうえで話を始めるのが社会人として必要な気配りとなる。

デキるオトナをアピール

時候の挨拶

月	漢語調の表現 候，みぎりなどを付けて用いられます	口語調の表現
1月 （睦月）	初春・新春　頌春・小寒・大寒・厳寒	皆様におかれましては，よき初春をお迎えのことと存じます／厳しい寒さが続いております／珍しく暖かな寒の入りとなりました／大寒という言葉通りの厳しい寒さでございます
2月 （如月）	春寒・余寒・残寒・立春・梅花・向春	立春とは名ばかりの寒さ厳しい毎日でございます／梅の花もちらほらとふくらみ始め，春の訪れを感じる今日この頃です／春の訪れが待ち遠しいこのごろでございます
3月 （弥生）	早春・浅春・春寒・春分・春暖	寒さもようやくゆるみ，日ましに春めいてまいりました／ひと雨ごとに春めいてまいりました／日増しに暖かさが加わってまいりました
4月 （卯月）	春暖・陽春・桜花・桜花爛漫	桜花爛漫の季節を迎えました／春光うららかな好季節となりました／花冷えとでも申しましょうか，何だか肌寒い日が続いております
5月 （皐月）	新緑・薫風・惜春・晩春・立夏・若葉	風薫るさわやかな季節を迎えました／木々の緑が目にまぶしいようでございます／目に青葉，山ほととぎす，初鰹の句も思い出される季節となりました
6月 （水無月）	梅雨・向暑・初夏・薄暑・麦秋	初夏の風もさわやかな毎日でございます／梅雨前線が近づいてまいりました／梅雨の晴れ間にのぞく青空は，まさに夏を思わせるようです
7月 （文月）	盛夏・大暑・炎暑・酷暑・猛暑	梅雨が明けたとたん，うだるような暑さが続いております／長い梅雨も明け，いよいよ本格的な夏がやってまいりました／風鈴の音がわずかに涼を運んでくれているようです
8月 （葉月）	残暑・晩夏・処暑・秋暑	立秋とはほんとうに名ばかりの厳しい暑さの毎日です／残暑たえがたい毎日でございます／朝夕はいくらかしのぎやすくなってまいりました
9月 （長月）	初秋・新秋・爽秋・新涼・清涼	九月に入りましてもなお，日差しの強い毎日です／暑さもやっとおとろえはじめたようでございます／残暑も去り，ずいぶんとしのぎやすくなってまいりました
10月 （神無月）	清秋・錦秋・秋涼・秋冷・寒露	秋風もさわやかな過ごしやすい季節となりました／街路樹の葉も日ごとに色を増しております／紅葉の便りの聞かれるころとなりました／秋深く，日増しに冷気も加わってまいりました
11月 （霜月）	晩秋・暮秋・霜降・初霜・向寒	立冬を迎え，まさに冬到来を感じる寒さです／木枯らしの季節になりました／日ごとに冷気が増すようでございます／朝夕はひときわ冷え込むようになりました
12月 （師走）	寒冷・初冬・師走・歳晩	師走を迎え，何かと慌ただしい日々をお過ごしのことと存じます／年の瀬も押しつまり，何かとお忙しくお過ごしのことと存じます／今年も残すところわずかとなりました，お忙しい毎日とお察しいたします

いますぐデキる
シチュエーション別会話例

シチュエーション1　取引先との会話

「非常に素晴らしいお話で感心しました」→NG！

「感心する」は相手の立派な行為や，優れた技量などに心を動かされるという意味。意味としては間違いではないが，目上の人に用いると，偉そうに聞こえかねない表現。「感動しました」などに言い換えるほうが好ましい。

シチュエーション2　子どもとの会話

「お母さんは，明日はいますか？」→NG！

たとえ子どもとの会話でも，子どもの年齢によっては，ある程度の敬語を使うほうが好ましい。「明日はいらっしゃいますか」では，むずかしすぎると感じるならば，「お出かけですか」などと表現することもできる。

シチュエーション3　同僚との会話

「今，お暇ですか 」→NG？

同じ立場同士なので，暇に「お」が付いた形で「お暇」ぐらいでも構わないともいえるが，「暇」というのは，するべきことも何もない時間という意味。そのため「お暇ですか 」では，あまりにも直接的になってしまう。その意味では「手が空いている」→「空いていらっしゃる」→「お手透き」などに言い換えることで，やわらかく敬意も含んだ表現になる。

シチュエーション4　上司との会話

「なるほどですね」→NG！

「なるほど」とは，相手の言葉を受けて，自分も同意見であることを表すため，相手の言葉・意見を自分が評価するというニュアンスも含まれている。そのため自分が評価して述べているという偉そうな表現にもなりかねない。同じ同意ならば，頷き「おっしゃる通りです」などの言葉のほうが誤解なく伝わる。

就活スケジュールシート

■年間スケジュールシート

1月	2月	3月	4月	5月	6月
企業関連スケジュール					
自己の行動計画					

就職活動をすすめるうえで，当然重要になってくるのは，自己のスケジュール管理だ。企業の選考スケジュールを把握することも大切だが，自分のペースで進めることになる自己分析や業界・企業研究，面接試験のトレーニング等の計画を立てることも忘れてはいけない。スケジュールシートに「記入」する作業を通して，短期・長期の両方の面から就職試験を考えるきっかけにしよう。

7月	8月	9月	10月	11月	12月
企業関連スケジュール					
自己の行動計画					

第4章

SPI対策

ほとんどの企業では，基本的な資質や能力を見極めるため適性検査を実施しており，現在最も使われているのがリクルートが開発した「SPI」である。
テストの内容は，「言語能力」「非言語能力」「性格」の3つに分かれている。その人がどんな人物で，どんな仕事で力を発揮しやすいのか，また，どんな組織になじみやすいかなどを把握するために行われる。
この章では，SPIの「言語能力」及び「非言語能力」の分野で，頻出内容を絞って，演習問題を構成している。演習問題に複数回チャレンジし，解説をしっかりと熟読して，学習効果を高めよう。

SPI対策

●SPIとは

SPIは，Synthetic Personality Inventoryの略称で，株式会社リクルートが開発・販売を行っている就職採用向けのテストである。昭和49年から提供が始まり，平成14年と平成25年の2回改訂が行われ，現在はSPI3が最新になる。

SPIは，応募者の仕事に対する適性，職業の適性能力，興味や関心を見極めるのに適しており，現在の就職採用テストでは主流となっている。

SPIは，「知的能力検査」と「性格検査」の2領域にわけて測定され，知的能力検査は「言語能力検査（国語）」と「非言語能力検査（数学）」に分かれている。オプション検査として，「英語（ENG）検査」を実施することもある。性格適性検査では，性格を細かく分析するために，非常に多くの質問が出される。SPIの性格適性検査では，正式な回答はなく，全ての質問に正直に答えることが重要である。

本章では，その中から，「言語能力検査」と「非言語能力検査」に絞って収録している。

●SPIを利用する企業の目的

①：志望者から人数を絞る

一部上場企業にもなると，数万単位の希望者が応募してくる。基本的な資質能力や会社への適性能力を見極めるため，SPIを使って，人数の絞り込みを行う。

②：知的能力を見極める

SPIは，応募者1人1人の基本的な知的能力を比較することができ，それによって，受検者の相対的な知的能力を見極めることが可能になる。

③：性格をチェックする

その職種に対する適性があるが，300程度の簡単な質問によって発想力やパーソナリティを見ていく。性格検査なので，正解というものはなく，正直に回答していくことが重要である。

●SPIの受検形式

SPIは，企業の会社説明会や会場で実施される「ペーパーテスト形式」と，パソコンを使った「テストセンター形式」とがある。

近年，ペーパーテスト形式は減少しており，ほとんどの企業が，パソコンを使ったテストセンター形式を採用している。志望する企業がどのようなテストを採用しているか，早めに確認し，対策を立てておくこと。

●SPIの出題形式

SPIは，言語分野，非言語分野，英語（ENG），性格適性検査に出題形式が分かれている。

科目	出題範囲・内容
言語分野	二語の関係，語句の意味，語句の用法，文の並び換え，空欄補充，熟語の成り立ち，文節の並び換え，長文読解　等
非言語分野	推論，場合の数，確率，集合，損益算，速度算，表の読み取り，資料の読み取り，長文読み取り　等
英語（ENG）	同意語，反意語，空欄補充，英英辞書，誤文訂正，和文英訳，長文読解　等
性格適性検査	質問：300問程度　時間：約35分

●受検対策

本章では，出題が予想される問題を厳選して収録している。問題と解答だけではなく，詳細な解説も収録しているので，分からないところは複数回問題を解いてみよう。

言語分野

二語関係

同音異義語

●あいせき
哀惜　死を悲しみ惜しむこと
愛惜　惜しみ大切にすること
●いぎ
意義　意味・内容・価値
異議　他人と違う意見
威儀　いかめしい挙動
異義　異なった意味
●いし
意志　何かをする積極的な気持ち
意思　しようとする思い・考え
●いどう
異同　異なり・違い・差
移動　場所を移ること
異動　地位・勤務の変更
●かいこ
懐古　昔を懐かしく思うこと
回顧　過去を振り返ること
解雇　仕事を辞めさせること
●かいてい
改訂　内容を改め直すこと
改定　改めて定めること
●かんしん
関心　気にかかること
感心　心に強く感じること
歓心　嬉しいと思う心
寒心　肝を冷やすこと
●きてい
規定　規則・定め
規程　官公庁などの規則
●けんとう
見当　だいたいの推測・判断・めあて
検討　調べ究めること
●こうてい
工程　作業の順序
行程　距離・みちのり
●じき
直　　すぐに
時期　時・折り・季節
時季　季節・時節
時機　適切な機会
●しゅし
趣旨　趣意・理由・目的
主旨　中心的な意味
●たいけい
体型　人の体格
体形　人や動物の形態
体系　ある原理に基づき個々のものを統一したもの
大系　系統立ててまとめた叢書
●たいしょう

対象　行為や活動が向けられる相手
対称　対応する位置にあること
対照　他のものと照らし合わせること

●たんせい

端正　人の行状が正しくきちんとしているさま
端整　人の容姿が整っているさま

●はんざつ

繁雑　ごたごたと込み入ること
煩雑　煩わしく込み入ること

●ほしょう

保障　保護して守ること
保証　確かだと請け合うこと
補償　損害を補い償うこと

●むち

無知　知識・学問がないこと
無恥　恥を知らないこと

●ようけん

要件　必要なこと
用件　なすべき仕事

同訓漢字

●あう

合う…好みに合う。答えが合う。
会う…客人と会う。立ち会う。
遭う…事故に遭う。盗難に遭う。

●あげる

上げる…プレゼントを上げる。効果を上げる。
挙げる…手を挙げる。全力を挙げる。
揚げる…凧を揚げる。てんぷらを揚げる。

●あつい

暑い…夏は暑い。暑い部屋。
熱い…熱いお湯。熱い視線を送る。
厚い…厚い紙。面の皮が厚い。
篤い…志の篤い人。篤い信仰。

●うつす

写す…写真を写す。文章を写す。
映す…映画をスクリーンに映す。鏡に姿を映す。

●おかす

冒す…危険を冒す。病に冒された人。
犯す…犯罪を犯す。法律を犯す。
侵す…領空を侵す。プライバシーを侵す。

●おさめる

治める…領地を治める。水を治める。
収める…利益を収める。争いを収める。
修める…学問を修める。身を修める。
納める…税金を納める。品物を納める。

●かえる

変える…世界を変える。性格を変える。
代える…役割を代える。背に腹は代えられぬ。

替える…円をドルに替える。服を替える。

●きく

聞く…うわさ話を聞く。明日の天気を聞く。

聴く…音楽を聴く。講義を聴く。

●しめる

閉める…門を閉める。ドアを閉める。

締める…ネクタイを締める。気を引き締める。

絞める…首を絞める。絞め技をかける。

●すすめる

進める…足を進める。話を進める。

勧める…縁談を勧める。加入を勧める。

薦める…生徒会長に薦める。

●つく

付く…傷が付いた眼鏡。気が付く。

着く…待ち合わせ場所の公園に着く。地に足が着く。

就く…仕事に就く。外野の守備に就く。

●つとめる

務める…日本代表を務める。主役を務める。

努める…問題解決に努める。療養に努める。

勤める…大学に勤める。会社に勤める。

●のぞむ

望む…自分の望んだ夢を追いかける。

臨む…記者会見に臨む。決勝に臨む。

●はかる

計る…時間を計る。将来を計る。

測る…飛行距離を測る。水深を測る。

●みる

見る…月を見る。ライオンを見る。

診る…患者を診る。脈を診る。

演習問題

1 カタカナで記した部分の漢字として適切なものはどれか。

1　手続きがハンザツだ　【汎雑】
2　誤りをカンカすることはできない　【観過】
3　ゲキヤクなので取扱いに注意する　【激薬】
4　クジュウに満ちた選択だった　【苦重】
5　キセイの基準に従う　【既成】

2 **下線部の漢字として適切なものはどれか。**

家で飼っている熱帯魚をかんしょうする。

1　干渉
2　観賞
3　感傷
4　勧奨
5　鑑賞

3 **下線部の漢字として適切なものはどれか。**

彼に責任をついきゅうする。

1　追窮
2　追究
3　追給
4　追求
5　追及

4 **下線部の語句について，両方とも正しい表記をしているものはどれか。**

1　私と母とは相生がいい。　・この歌を愛唱している。
2　それは規成の事実である。　・既製品を買ってくる。
3　同音異義語を見つける。　・会議で意議を申し立てる。
4　選挙の大勢が決まる。　・作曲家として大成する。
5　無常の喜びを味わう。　・無情にも雨が降る。

5 **下線部の漢字として適切なものはどれか。**

彼の体調はかいほうに向かっている。

1　介抱
2　快方
3　解放
4　回報
5　開放

○○○解答・解説○○○

1 5

解説 1 「煩雑」が正しい。「汎」は「汎用(はんよう)」などと使う。 2 「看過」が正しい。「観」は「観光」や「観察」などと使う。 3 「劇薬」が正しい。「少量の使用であってもはげしい作用のするもの」という意味であるが「激」を使わないことに注意する。 4 「苦渋」が正しい。苦しみ悩むという意味で，「苦悩」と同意であると考えてよい。 5 「既成概念」などと使う場合もある。同音で「既製」という言葉があるが，これは「既製服」や「既製品」という言葉で用いる。

2 2

解説 同音異義語や同訓異字の問題は，その漢字を知っているだけでは対処できない。「植物や魚などの美しいものを見て楽しむ」場合は「観賞」を用いる。なお，「芸術作品」に関する場合は「鑑賞」を用いる。

3 5

解説 「ついきゅう」は，特に「追究」「追求」「追及」が頻出である。「追究」は「あることについて徹底的に明らかにしようとすること」，「追求」は「あるものを手に入れようとすること」，「追及」は「後から厳しく調べること」という意味である。ここでは，「責任」という言葉の後にあるので，「厳しく」という意味が含まれている「追及」が適切である。

4 4

解説 1の「相生」は「相性」，2の「規成」は「既成」，3の「意議」は「異議」，5の「無常」は「無上」が正しい。

5 2

解説 「快方」は「よい方向に向かっている」という意味である。なお，1は病気の人の世話をすること，3は束縛を解いて自由にすること，4は複数人で回し読む文書，5は出入り自由として開け放つ，の意味。

熟語

四字熟語

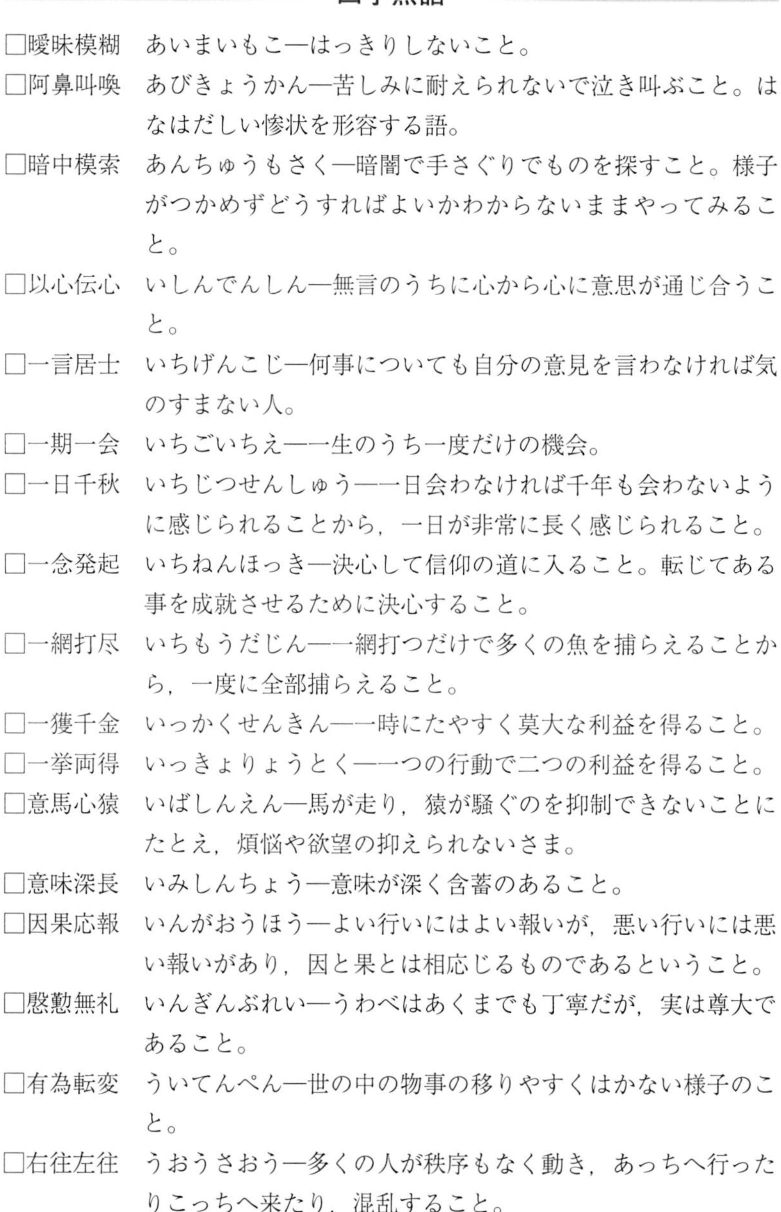

□曖昧模糊　あいまいもこ―はっきりしないこと。

□阿鼻叫喚　あびきょうかん―苦しみに耐えられないで泣き叫ぶこと。はなはだしい惨状を形容する語。

□暗中模索　あんちゅうもさく―暗闇で手さぐりでものを探すこと。様子がつかめずどうすればよいかわからないままやってみること。

□以心伝心　いしんでんしん―無言のうちに心から心に意思が通じ合うこと。

□一言居士　いちげんこじ―何事についても自分の意見を言わなければ気のすまない人。

□一期一会　いちごいちえ――生のうち一度だけの機会。

□一日千秋　いちじつせんしゅう――日会わなければ千年も会わないように感じられることから，一日が非常に長く感じられること。

□一念発起　いちねんほっき―決心して信仰の道に入ること。転じてある事を成就させるために決心すること。

□一網打尽　いちもうだじん――網打つだけで多くの魚を捕らえることから，一度に全部捕らえること。

□一攫千金　いっかくせんきん――時にたやすく莫大な利益を得ること。

□一挙両得　いっきょりょうとく――つの行動で二つの利益を得ること。

□意馬心猿　いばしんえん―馬が走り，猿が騒ぐのを抑制できないことにたとえ，煩悩や欲望の抑えられないさま。

□意味深長　いみしんちょう―意味が深く含蓄のあること。

□因果応報　いんがおうほう―よい行いにはよい報いが，悪い行いには悪い報いがあり，因と果とは相応じるものであるということ。

□慇懃無礼　いんぎんぶれい―うわべはあくまでも丁寧だが，実は尊大であること。

□有為転変　ういてんぺん―世の中の物事の移りやすくはかない様子のこと。

□右往左往　うおうさおう―多くの人が秩序もなく動き，あっちへ行ったりこっちへ来たり，混乱すること。

□右顧左眄　うこさべん—右を見たり，左を見たり，周囲の様子ばかりうかがっていて決断しないこと。

□有象無象　うぞうむぞう—世の中の無形有形の一切のもの。たくさん集まったつまらない人々。

□海千山千　うみせんやません—経験を積み，その世界の裏まで知り抜いている老獪な人。

□紆余曲折　うよきょくせつ—まがりくねっていること。事情が込み入って，状況がいろいろ変化すること。

□雲散霧消　うんさんむしょう—雲や霧が消えるように，あとかたもなく消えること。

□栄枯盛衰　えいこせいすい—草木が繁り，枯れていくように，盛んになったり衰えたりすること。世の中の浮き沈みのこと。

□栄耀栄華　えいようえいが—権力や富貴をきわめ，おごりたかぶること。

□会者定離　えしゃじょうり—会う者は必ず離れる運命をもつということ。人生の無常を説いたことば。

□岡目八目　おかめはちもく—局外に立ち，第三者の立場で物事を観察すると，その是非や損失がよくわかるということ。

□温故知新　おんこちしん—古い事柄を究め新しい知識や見解を得ること。

□臥薪嘗胆　がしんしょうたん—たきぎの中に寝，きもをなめる意で，目的を達成するのために苦心，苦労を重ねること。

□花鳥風月　かちょうふうげつ—自然界の美しい風景，風雅のこころ。

□我田引水　がでんいんすい—自分の利益となるように発言したり行動したりすること。

□画竜点睛　がりょうてんせい—竜を描いて最後にひとみを描き加えたところ，天に上ったという故事から，物事を完成させるために最後に付け加える大切な仕上げ。

□夏炉冬扇　かろとうせん—夏の火鉢，冬の扇のようにその場に必要のない事物。

□危急存亡　ききゅうそんぼう—危機が迫ってこのまま生き残れるか滅びるかの瀬戸際。

□疑心暗鬼　ぎしんあんき—心の疑いが妄想を引き起こして実際にはいない鬼の姿が見えるようになることから，疑心が起こると何でもないことまで恐ろしくなること。

□玉石混交　ぎょくせきこんこう―すぐれたものとそうでないものが入り混じっていること。

□荒唐無稽　こうとうむけい―言葉や考えによりどころがなく，とりとめもないこと。

□五里霧中　ごりむちゅう―迷って考えの定まらないこと。

□針小棒大　しんしょうぼうだい―物事を大袈裟にいうこと。

□大同小異　だいどうしょうい―細部は異なっているが総体的には同じであること。

□馬耳東風　ばじとうふう―人の意見や批評を全く気にかけず聞き流すこと。

□波瀾万丈　はらんばんじょう―さまざまな事件が次々と起き，変化に富むこと。

□付和雷同　ふわらいどう――定の見識がなくただ人の説にわけもなく賛同すること。

□粉骨砕身　ふんこつさいしん―力の限り努力すること。

□羊頭狗肉　ようとうくにく―外見は立派だが内容がともなわないこと。

□竜頭蛇尾　りゅうとうだび―初めは勢いがさかんだが最後はふるわないこと。

□臨機応変　りんきおうへん―時と場所に応じて適当な処置をとること。

演習問題

1 「海千山千」の意味として適切なものはどれか。

1　様々な経験を積み，世間の表裏を知り尽くしてずる賢いこと
2　今までに例がなく，これからもあり得ないような非常に珍しいこと
3　人をだまし丸め込む手段や技巧のこと
4　一人で千人の敵を相手にできるほど強いこと
5　広くて果てしないこと

2 四字熟語として適切なものはどれか。

1　竜頭堕尾
2　沈思黙考
3　孟母断危
4　理路正然
5　猪突猛伸

3 四字熟語の漢字の使い方がすべて正しいものはどれか。

1　純真無垢　　青天白日　　疑心暗鬼
2　短刀直入　　自我自賛　　危機一髪
3　厚顔無知　　思考錯誤　　言語同断
4　異句同音　　一鳥一石　　好機当来
5　意味深長　　興味深々　　五里霧中

4 「一蓮托生」の意味として適切なものはどれか。

1　一味の者を一度で全部つかまえること。
2　物事が順調に進行すること。
3　ほかの事に注意をそらさず，一つの事に心を集中させているさま。
4　善くても悪くても行動・運命をともにすること。
5　妥当なものはない。

5 故事成語の意味で適切なものはどれか。

「塞翁(さいおう)が馬」

1　たいして差がない
2　幸不幸は予測できない
3　肝心なものが欠けている
4　実行してみれば意外と簡単
5　努力がすべてむだに終わる

○○○解答・解説○○○

1 1

解説 2は「空前絶後」，3は「手練手管」，4は「一騎当千」，5は「広大無辺」である。

2 2

解説 2の沈思黙考は，「思いにしずむこと。深く考えこむこと。」の意味である。なお，1は竜頭蛇尾(始めは勢いが盛んでも，終わりにはふるわないこと)，3は孟母断機(孟子の母が織りかけの織布を断って，学問を中途でやめれば，この断機と同じであると戒めた譬え)，4は理路整然(話や議論の筋道が整っていること)，5は猪突猛進(いのししのように向こう見ずに一直線に進むこと)が正しい。

3 1

解説 2は「単刀直入」「自画自賛」，3は「厚顔無恥」「試行錯誤」「言語道断」，4は「異口同音」「一朝一夕」「好機到来」，5は「興味津々」が正しい。四字熟語の意味を理解する際，どのような字で書かれているかを意識するとよい。

4 4

解説 「一蓮托生」は，よい行いをした者は天国に行き，同じ蓮の花の上に生まれ変わるという仏教の教えから，「(ことの善悪にかかわらず)仲間として行動や運命をともにすること」をいう。

5 2

解説 「塞翁が馬」は「人間万事塞翁が馬」と表す場合もある。1は「五十歩百歩」，3は「画竜点睛に欠く」，4は「案ずるより産むが易し」，5は「水泡に帰する」の故事成語の意味である。

語の使い方

文法

Ⅰ　品詞の種類

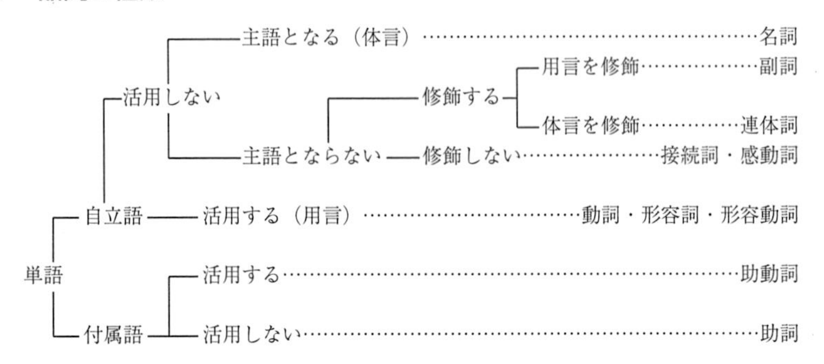

Ⅱ　動詞の活用形

活用	基本	語幹	未然	連用	終止	連体	仮定	命令
五段	読む	読	ま　も	み	む	む	め	め
上一段	見る	見	み	み	みる	みる	みれ	みよ
下一段	捨てる	捨	て	て	てる	てる	てれ	てよ てろ
カ変	来る	来	こ	き	くる	くる	くれ	こい
サ変	する	す	さ　し せ	し	する	する	すれ	せよ しろ
	主な接続語		ナイ ウ・ ヨウ	マス テ・タ	言い 切る	コト トキ	バ	命令

Ⅲ　形容詞の活用形

基本	語幹	未然	連用	終止	連体	仮定	命令
美しい	うつく し	かろ	かっ く	い	い	けれ	○
主な用法		ウ	ナル タ	言い 切る	体言	バ	

Ⅳ　形容動詞の活用形

基本	語幹	未然	連用	終止	連体	仮定	命令
静かだ	静か	だろ	だっ　で に	だ	な	なら	○
主な用法		ウ	タ アル ナル	言い 切る	体言	バ	

V　文の成分

主語・述語の関係………花が ― 咲いた。
修飾・被修飾の関係……きれいな ― 花。
接続の関係………………花が咲いたので，花見をした。
並立の関係………………赤い花と白い花。
補助の関係………………花が咲いている。（二文節で述語となっている）

〈副詞〉自立語で活用せず，単独で文節を作り，多く連用修飾語を作る。

状態を表すもの…………ついに・さっそく・しばらく・ぴったり・すっかり
程度を表すもの…………もっと・すこし・ずいぶん・ちょっと・ずっと
陳述の副詞………………決して～ない・なぜ～か・たぶん～だろう・もし～ば

〈助動詞〉付属語で活用し，主として用言や他の助動詞について意味を添える。

① 使役……せる・させる（学校に行かせる　服を着させる）
② 受身……れる・られる（先生に怒られる　人に見られる）
③ 可能……れる・られる（歩いて行かれる距離　まだ着られる服）
④ 自発……れる・られる（ふと思い出される　容態が案じられる）
⑤ 尊敬……れる・られる（先生が話される　先生が来られる）
⑥ 過去・完了……た（話を聞いた　公園で遊んだ）
⑦ 打消……ない・ぬ（僕は知らない　知らぬ存ぜぬ）
⑧ 推量……だろう・そうだ（晴れるだろう　晴れそうだ）
⑨ 意志……う・よう（旅行に行こう　彼女に告白しよう）
⑩ 様態……そうだ（雨が降りそうだ）
⑪ 希望……たい・たがる（いっぱい遊びたい　おもちゃを欲しがる）
⑫ 断定……だ（悪いのは相手の方だ）
⑬ 伝聞……そうだ（試験に合格したそうだ）
⑭ 推定……らしい（明日は雨らしい）
⑮ 丁寧……です・ます（それはわたしです　ここにあります）
⑯ 打消推量・打消意志……まい（そんなことはあるまい　けっして言うまい）

〈**助詞**〉付属語で活用せず，ある語について，その語と他の語との関係を補助したり，意味を添えたりする。

① 格助詞……主として体言に付き，その語と他の語の関係を示す。
→が・の・を・に・へ・と・から・より・で・や

② 副助詞……いろいろな語に付いて，意味を添える。
→は・も・か・こそ・さえ・でも・しか・まで・ばかり・だけ・など

③ 接続助詞……用言・活用語に付いて，上と下の文節を続ける。
→ば・けれども・が・のに・ので・ても・から・たり・ながら

④ 終助詞……文末（もしくは文節の切れ目）に付いて意味を添える。
→なあ（感動）・よ（念押し）・な（禁止）・か（疑問）・ね（念押し）

演習問題

1 次のア～オのうち，下線部の表現が適切でないものはどれか。

1 彼はいつもまわりに愛嬌をふりまいて，場を和やかにしてくれる。
2 的を射た説明によって，よく理解することができた。
3 舌先三寸で人をまるめこむのではなく，誠実に説明する。
4 この重要な役目は，彼女に白羽の矢が当てられた。
5 二の舞を演じないように，失敗から学ばなくてはならない。

2 次の文について，言葉の用法として適切なものはどれか。

1 矢折れ刀尽きるまで戦う。
2 ヘルプデスクに電話したが「分かりません」と繰り返すだけで取り付く暇もなかった。
3 彼の言動は肝に据えかねる。
4 彼は証拠にもなく何度も賭け事に手を出した。
5 適切なものはない。

3 下線部の言葉の用法として適切なものはどれか。

1 彼はのべつ暇なく働いている。
2 あの人の言動は常軌を失っている。
3 彼女は熱に泳がされている。
4 彼らの主張に対して間髪をいれずに反論した。
5 彼女の自分勝手な振る舞いに顔をひそめた。

4 次の文で，下線部が適切でないものはどれか。

1 ぼくの目標は，兄より早く走れるようになることです。

2 先生のおっしゃることをよく聞くのですよ。

3 昨日は家で本を読んだり，テレビを見ていました。

4 風にざわめく木々は，まるで私たちにあいさつをしているようだった。

5 先生の業績については，よく存じております。

5 下線部の言葉の用法が適切でないものはどれか。

1 急いては事を仕損じるので，マイペースを心がける。

2 彼女は目端が利く。

3 世知辛い世の中になったものだ。

4 安全を念頭に置いて作業を進める。

5 次の試験に標準を合わせて勉強に取り組む。

○○○解答・解説○○○

1 4

解説 1の「愛嬌をふりまく」は，おせじなどをいい，明るく振る舞うこと，2の「的を射る」は的確に要点をとらえること，3の「舌先三寸」は口先だけの巧みに人をあしらう弁舌のこと，4はたくさんの中から選びだされるという意味だが，「白羽の矢が当てられた」ではなく，「白羽の矢が立った」が正しい。5の「二の舞を演じる」は他人がした失敗を自分もしてしまうという意味である。

2 5

解説 1「刀折れ矢尽きる」が正しく，「なす術がなくなる」という意味である。 2 話を進めるきっかけが見つからない。すがることができない，という意味になるのは「取り付く島がない」が正しい。 3 「言動」という言葉から，「我慢できなくなる」という意味の言葉を使う必要がある。「腹に据えかねる」が正しい。 4 「何度も賭け事に手を出した」という部分から「こりずに」という意味の「性懲りもなく」が正しい。

3 4

解説 1「のべつ幕なしに」，2は「常軌を逸している」，3は「熱に浮かされている」，5は「眉をひそめた」が正しい。

4 3

解説 3は前に「読んだり」とあるので，後半も「見たり」にしなければならないが，「見ていました」になっているので表現として適当とはいえない。

5 5

解説 5は，「狙う，見据える」という意味の「照準」を使い，「照準を合わせて」と表記するのが正しい。

文章の並び替え

演習問題

1 次の文章を意味が通るように並べ替えたとき，順番として最も適切なものはどれか。

A　読書にしたしむ工夫の一つは，自分に興味のあるもの，いや，読み出したらご飯を食べるのも忘れるほど興味のある本をまず読むことです。そんな本を見つけ出せというと，大変むつかしい注文のように聞こえるけれども，決してそうではない。健康な中学生，高校生なら世界の名作といわれるものの必ずしも全部ではないが，その半分，あるいはその三分の一くらいの文学作品には，必ず強い興味をひかれるはずだと思うのです。

B　面白い長篇小説を読み上げると，きっと人に話したくなるものですが，友だちにすすめてこれを読ませ，仲間で討論会—それほどむつかしく考えなくてもいいけれども，ここは面白かった，あそこの意味はよくわからなかった，というような話合いをすること，これが第二の手だてです。手だてというとかた苦しいが，読後の感想を，気心の知れた友達と語り合うということは，なかなか楽しいことなのです。話合うクセがつくと，読んだことも頭と心に深くしみ込むし，また次の本を読みたい気持もそそられてくるに違いありません。

C　自分の好きな本を見つけて，読み上げる。そういうことを何回も重ねてゆくということが第一の手だてです。そうするうちに本を読むスピードも自然に早くなるし，また自分は大きな本でも読みあげる力があるという自信がつきます。すべての人間のすることは，ぼくにはこれがやれる，という自信をもってやらなければ，うまく成功しないものですが，読書もまた同じことで，自分の読書力についての自信を強めることが第一です。そのためには若い諸君は，文学ならおもしろい長篇小説，たとえばスタンダールの『赤と黒』だとか，トルストイの『復活』だとか，あの程度の長さの名作を読むことをおすすめします。

（『私の読書遍歴』桑原武夫著）

1　A－B－C
2　A－C－B
3　B－C－A

4　C－B－A
5　C－A－B

2　次の文章中の（　　）内に，あとのア～キの7つの文を並べ替えて入れると意味の通った文章になる。並べ方の最も適切なものはどれか。

以上は，わたしが読む人間から書く人間へ変化していった過程である。わたしの精神が読む働きから書く働きへ移っていったコースである。もちろん，（　　　　　　）特別の天才は別として，わたしたちは，多量の精神的エネルギーを放出しなければ，また，精神の戦闘的な姿勢がなければ，小さな文章でも書くことはできないのである。

ア　それに必要な精神的エネルギーの量から見ると，書く，読む，聞く……という順でしだいに減っていくようである。
イ　すなわち，読むという働きがまだ受動的であるのに反して，書くという働きは完全に能動的である。
ウ　しかし，書くという働きに必要なエネルギーは読むという働きに必要なエネルギーをはるかに凌駕する。
エ　そこには，精神の姿勢の相違がある。
オ　読むという働きは，聞くという働きなどに比べれば多量のエネルギーを必要とする。
カ　同様に精神の働きではあるが，一方はかなりパッシブであり，他方は極めてアクチブである。
キ　更に考えてみると，読む働きと書く働きとの間には，必要とするエネルギーの大小というだけでなく，もっと質的な相違があると言わねばならない。

1　ア－ウ－オ－キ－エ－イ－カ
2　オ－ウ－ア－キ－エ－イ－カ
3　オ－イ－カ－ウ－ア－キ－エ
4　エ－オ－ウ－イ－カ－キ－ア
5　オ－ア－イ－カ－ウ－キ－エ

3　次の文章の並べ替え方として最も適切なものはどれか。

A　マジックの番組かと思ったらそうではなかった。政治討論の番組であり，声を荒らげていたのは，年金の記録が不明確になってしまったものの表現について話している途中の部分だった。
B　政府側からみれば，「消えた」のではなく，誰に払うべきか分からなくなってしまったものであるから，「宙に浮いた」と表現したいといったところか。

C　要するにどの立場に立つかによって表現の仕方は変わるのである。逆に言えば，どの表現を用いているかをみれば，その人が，どの立場で，誰の味方となって発言しているかが分かるのである。

D　もらえなかった人にとっては，「消えた」という表現がぴったりであろう。自分が信じて払い，受給する権利がなくなってしまうのであるから，それ以上の表現はない。

E　テレビをつけたままで仕事をしていたら，「消えたのではなく宙に浮いたのだ」と誰かが声を荒らげていた。

1　E－C－A－D－B
2　E－B－D－A－C
3　E－A－D－C－B
4　E－A－D－B－C
5　E－B－D－C－A

○○○解答・解説○○○

1 2

解説　Cに「第一の手だて」，Bに「第二の手だて」とあるので，C，Bという順番はわかるだろう。Aをどこに置くかで悩むかもしれないが，Cに「自分の好きな本を見つけて」とあり，これがAの「興味のある本を見つけ出すことは決して難しいことではない」という内容につながっていると考えられる。よって，Cの前にAが来ると考えられる。

2 2

解説　出典は清水幾太郎の『論文の書き方』ある。文章を整序する問題は，指示語や接続語に注意しながら，文意が通るように並べ替えていくことが大切である。この問題の場合，選択肢をヒントととらえると「もちろん」の直後には「ア・エ・オ」のいずれかが入ることがわかる。アは「それに必要な精神的エネルギーの量から見ると……」という文になっているので，文頭の「それに」は接続詞ではなく「それ（代名詞）＋に（助詞）」の指示語ととらえられる。そうすると，「もちろん」の直後に入れた場合文意が通らなくなるので，アで始まっている1は誤りとして消去できる。同様にエも「そこ」に注目すると文意が通らないことがわかるので，4も消去できる。オは文意が通るので2・3・5について検討していけばよいことになる。したがってオの後ろには「ア・イ・ウ」のいずれかが入ることがわかる。それぞれをあてはめていくと，逆接の接続詞「しかし」で始まっているウが最も文意が通ることに気づく。そうなると2しか残らない。2の順番どおりに読み進めていき，流れがおかしくないかどうか検討し，おかしくなければ正答とみなすことができる。よって，正答は2。

3 4

解説 作問者による書き下ろし。「発端」「発端についての説明」「まとめ」といった構成になっている。「発端」はEであり，「まとめ」の部分についてはCが該当する。「発端についての説明」については，Aにおいてテレビから聞こえた内容を明らかにし，「消えた」とする立場（D），「宙に浮いた」とする立場（B）からそれぞれ説明している。

長文読解

演習問題

1 次の文章の内容と一致するものはどれか。

そもそも神学というものは一般に何かある特定の宗教の信仰内容を論理的な教義に組織したものであります。どういう宗教でも伝道ということを意図する以上は，人を説得するために必ずそういう神学をもたざるをえない。世界的宗教というような，そういう一般人類に通ずる宗教ということを標榜する宗教においては，必ずその宗教を他に伝える伝道ということがその任務に属している。ところで伝道とは，言葉で人に語って，人を説得することをいうわけだから，そこにおのずから論理的に思考し論証するということがなければならなくなる。論理的ということは，そういう場合には論証的，推論的ということになる。ただわれわれが物を考えるというだけならば必ずしも論理的とはいわれない。（略）論理的ということは推論的ということである。ヘーゲルが論理的というのはそういう推論的という意味です。

1　ヘーゲルのいう推論は，論理性を離れたものを前提としている。
2　世界宗教の開祖は，自らの教義の確立の時点において，神学の構築を意識していた。
3　私たちの思考は，必然的に論理的なものになりうる。
4　論理的であることと，推論的であることは，互いに深い繋がりがある。
5　宗教的な信仰は，純粋な感情を出発点にするので，論理による説得にはなじまない。

2 次の文の空欄に入る語句として，最も適切なものはどれか。

自分がその真只中を生きている老いがある一方には，まだ若い年齢で遠くから眺めている老いというものもあります。老化の進行する具体的体験を持たぬ分だけ，それはいわば観念としての老いであり，観察対象としての老いであるかもしれない。しかし見方によっては，そこに老人自身が描くのとは異なった老いの客観像が浮かび出ているとも言えるでしょう。

文学作品の場合，もし若くして老年や老人を描くとしたら，その中に特別の意味が隠されているように思われます。自らが渦中にある老いを捉えた優れた小説に切実なリアリティーが宿るのは確かですが，（　　　）には，また別の，いわば思念としての切実さやリアリティーが孕まれているのではないでしょうか。人の生涯を遠望した上で，その終りに近い老年に託されたものの姿が垣間見えると考えられるからです。

1　当事者の立場から感じられる老い
2　傍観者として眺められた老い
3　距離を置いて眺められた老い
4　実体験に基づいた老い
5　想像力のみによってとらえられた老い

3　次の文章の要旨として正しいものはどれか。

私たちは，日常の生活の中で話したり聞いたり，書いたり読んだりしている。すなわち，言語行動は日常生活の中におり込まれている。ちょっと考えてみても，朝起きると新聞を「読む」，出かける前に天気予報を「聞く」，店先で買い物をしたり，役所の窓口で手つづきをしたりするときは「言う」あるいは「話す」，遠くの人に用事があれば手紙を「書く」。――こうした言語行動は，そのことだけ切りはなされていとなまれるのではなく，いろいろな目的を持ち，さまざまの結果につながっている。新聞を読むことによって知識を得たり教養をつんだり，そこから自分の生活の方針を考えたりすることができる。天気予報を聞くのは，傘を用意するかしないか，遠方へ出かけるかどうか，これからの行動を決行することに関係する。店先で買物をするとき店員と話したり，銀行の窓口でものを言ったりすることは，何よりも切実な〈経済生活〉を遂行するためには不可欠のことである。

こんな例からもわかるように，言語行動は日常生活の中に位置して，その重要な部分をなしている。家庭であろうと，店先であろうと，学校であろうと，オフィスであろうと，はたまた，駅であろうと，路上であろうと，人と人との寄り合うところには，必ず言語行動が行われる。

1　言語には「話す」「聞く」「書く」「読む」の4つの側面がある。
2　話し言葉，書き言葉にはそれぞれの役割がある。
3　言語を駆使できないと，社会生活に支障をきたす。
4　人間が社会生活を営めるのは言語を持っているからだ。
5　社会生活にとって，言語は不可欠である。

4 **次の文章中で筆者が友人たちに対して感じた「よそよそしさ」の原因と考えられるものはどれか。**

一九五八年，おそらく戦後はじめての大がかりな規模の日本古美術欧州巡回展が開催されたことがある。当時パリに留学中であった私は，思いがけなく，日本でもそう容易に見ることのできない数多くの故国の秘宝と直接異国で接する機会を得たわけだが，その時，フランス人の友人たちと何回か会場を廻りながら，私は大変興味深い体験を味わった。

それは，同じ作品を前にしながら，フランスの友人たちの反応の仕方と私自身のそれとのあいだに微妙な喰い違いのあるのに気づかされたことである。といってそれは，彼らが必ずしも日本美術に無理解だというのではない。私の通っていたパリの美術研究所の優秀な仲間で，東洋美術についてかなり深い知識を持っている人でも事情は同じなのである。一般的に言って，彼らの作品評価はおおむね正当である。おおむね正当でありながら，ほんのわずかのところでわれわれ日本人と喰い違っている。そのほんのわずかの喰い違いというのが私には意味深いことのように思われたのである。

そのことはおそらく，その古美術展の会場で，私がフランス人の友人たちに対し，例えば，ルーヴル美術館をいっしょに見る時などには決して感じたことのないような一種のよそよそしさを感じたことと無縁ではないに違いない。平素は何の気がねもなくつきあっている気心の知れた友人たちが雪舟や等伯の作品を前にしていると，ほとんどそれと気づかないくらいわずかながら，私から距離が遠くなったように感じられたのである。それはあるいは，私ひとりの思い過ごしであったのかもしれない。われわれのあいだで会話は平素と少しも変った調子を響かせなかったし，友人たちの方でも何ら変った態度を見せたわけではない。いやおそらくそういう私自身にしても，外から見たかぎりではまったくふだんと同じであったろう。しかもそれでいて私が彼らに対して漠然とながら一種のよそよそしさを覚えたとしたら，それはいったい何を物語っていたのだろう。

1　日本古美術に対する友人たちの無関心
2　雪舟や等伯に対する友人たちの無関心
3　雪舟や等伯に対する友人たちの違和感
4　日本画に対する友人たちの不見識
5　友人たちの自国（フランス）の文化に対する優越感

5 次の文章の下線部はどのようなことを指しているか。

珠算での計算において，ソロバンの珠の動かし方そのものは単純である。数時間もあれば，そのやり方を学ぶことができる。そこで，その後の珠算塾での「学習」は，もっぱら計算（珠の操作）が速くなることに向けられる。一定時間内に，桁数の大きい数の計算がどのくらいたくさん誤りなくできるかによって珠算の「実力」が評価され，「級」や「段」が与えられる。子どもたちは，より上の級に上がるため，珠算での計算の速度を速めるよう練習をくり返すのである。

そこでは多くの場合，なぜこのやり方はうまくいくのか，このステップはどんな意味をもっているのか，などを考えてみようとはしないであろう。教えられたやり方を使って計算しさえすれば，正しい答えがちゃんと出てくるし，何度もくり返し練習すれば確実に速くなる。そして望み通り，級も上へと進むことができるのである。したがって，珠算での熟達者は，計算は非常に速いが，珠算の手続きの本質的意味については理解していない，ということが起こりやすい。

1　教えられたやり方を疑ってみること
2　なぜ珠算が熟達したのかと考えてみること
3　なぜ珠算を練習する必要があるのかということ
4　珠算の各ステップはどんな意味を持っているのかということ
5　珠算の習熟には計算能力の向上以外の意義があるということ

6 次の文の要旨として，正しいものはどれか。

法律では，十八歳になると誰でも自分の生き方を選ぶ権利がある，ということになっている。つまり法律上誰でも「自由」を保証される。でもここには原則がある。

近代社会では，人が「自由」を保証されるのは，人間が生まれつき自由だから，というのではぜんぜんありません。十八歳くらいになれば，他人の自由を尊重することができ，万一誰かの自由を損なったらきちんとそれを償う能力があるはずだ，ということです。他人の自由を尊重し，守れる能力がある，そのことで，はじめて人は「自由」と「人権」を保証される。そういう原則になっている。それが「自由の相互承認」ということです。

こう言うと，「だったら身障者の人たちはどうなるんだ」という人もいるでしょう。たしかにそうで，知力や身体性に難があるために，他人の自由を損なったとき，それを補償する能力をもたない人もいるが，そういう人には人権はないのか，と。

これは責任と義務を共有できる人間どうしで，そういう人の自由と権利も確保しようという合意を取り決めているのです。誰でも自分の家族にそういうハンデある人を身内としてもつ可能性があるわけですから。

1　18歳未満の子供には，自由と人権は与えてはならない。

2　どんな人にでも，自由と人権は無条件で保証されるべきだ。

3　近代社会では18歳になれば，だれにでも自由は与えられる。

4　自由と人権を獲得するには，責任能力を持つ必要がある。

5　障害者の人たちには，自由と人権は与えられていない。

7　次の文章の内容として一致しているものはどれか。

多くの場合，「批判」という言葉を聞いて連想することは，「相手を攻撃する」などといったイメージである。しかしながら，批判とは，本来，検討を充分に加えた上で批評するものであり，また，「批判」と訳されるドイツ語のクリティークは，「よいものを選び取る」というニュアンスが強い。いずれにしても，相手を感情的に攻撃することとは，似て非なるものであるといえよう。

かつて，シュンペーターという経済学者は，同時代に活躍した経済学者であるケインズについて，真っ向から異なる見解を述べながら批評を続けた。一方，ケインズが亡くなった後に書いた追悼論文では，異なる見解を述べることを控えつつ，亡き学者の実績と学説を細部にいたるまでまとめ上げた。私達は，ここに本来あるべき批判の姿勢をみることができる。

自らと異なる見解を持つ者に感情をぶつけることは本当の意味での批判でなく，ましてや学問のあるべき姿勢にはなじまない。異なる見解だからこそ，詳細に検討し，誤りと考える部分をその根拠を挙げながら論理的に指摘し，筋道立てて自説を展開しければならない。

1　批判の出発点は，相手を攻撃することである。

2　ドイツ語のクリティークという概念こそ，批判の対象となるべきものである。

3　ケインズとシュンペーターは，互いの経済学説について激しい論争を繰り広げた。

4　ケインズについて述べたシュンペーターによる追悼論文には，詳細な研究の跡が反映されていた。

5　学者にとって批判精神は命そのものであり，批判の型も個性的なものでなければならない。

○○○解答・解説○○○

1 4

解説 藤田正勝編『哲学の根本問題 数理の歴史主義展開』P69より。1 最後の一文と一致しない。 2 宗教の開祖についての言及はない。3「ただわれわれが物を考えるというだけならば必ずしも論理的とはいわれない。」の部分と一致しない。 4 正しい。「論理的ということは，そういう場合には論証的，推論的ということになる。」という部分の主旨と一致する。 5 伝道の際に，人々を説得するために，信仰内容を論理的な教義に組織した神学が不可欠であるとしている。

2 3

解説 黒井千次『老いるということ』。 1 適切でない。空欄直前の「自らが渦中にある老いを捉えた優れた小説に切実なリアリティーが宿るのは確かですが」と矛盾する。空欄には，高齢者の立場から老いを論じる態度を表す語句は入らない。 2 適切でない。「傍観者」という言葉では，老いに対する関心が希薄な意味合いに受け取られる。 3 適切。まだ高齢者ではない人の視点から老いの本質を客観的に分析する態度を指している。 4 適切でない。設問が要求しているのは，自分自身が老いをまだ経験していないという前提に基づいている語句である。 5 適切でない。空欄後の「切実さやリアリティー」と矛盾する。想像力だけでは老いの本質をとらえるには不十分。

3 5

解説 金田一春彦『話し言葉の技術』。 1 言語の持つ4つの側面について，筆者は例を挙げて説明しているが，設問文の要旨としては不十分。2 設問文は，話し言葉と書き言葉の役割について述べた文ではない。言語の性質について論じている。 3 日本に住む外国人が，必ずしも日本語を駆使できなくても暮らしていけるように，言語を駆使できるレベルでなくても社会生活を営むことはできる。また言語を駆使できないと生活に支障をきたすとは，どういうことかについての具体的な記述がない。4 人間以外の動物も仲間とコミュニケーションをとり，社会生活を営んでいる。 5 正しい。私たちが社会生活を営む際に，言語を用いないですませるということはまったく考えられない。

4 3

解説 高階秀爾『日本近代美術史論』。雪舟，（長谷川）等伯は，ともに日本を代表する水墨画家である。雪舟は室町時代，等伯は安土桃山時代に活躍した。雪舟の代表作は「四季山水図」，等伯の代表作は「松林図屏風」である。 1 友人たちが日本古美術に対してまったく関心がないのなら，筆者に同行することはあり得ない。 2 友人たちは，雪舟や等伯の作品に対して大いに関心を持っていた。 3 正しい。友人たちのよそよそしさは，雪舟と等伯の作品に対する言葉では言い表せない違和感が原因と考えられる。 4 日本画に対する不見識とはあまりにも的外れである。 5 友人たちが，自国の文化に対する優越感のせいで，雪舟や等伯を理解できなかったとはまったく考えられない。

5 4

解説 稲垣佳世子・波多野誼余夫『人はいかに学ぶか』。この文章の要旨は，「珠算塾では計算（珠の操作）が速くなることを練習する。子どもたちの目的も，速く誤りなく計算し，上の級に上がることである。そこでは多くの場合，なぜこのやり方はうまくいくのか，このステップはどんな意味をもっているのかなどを考えてみようとはしないであろう。」ということ。「珠算の手続き」とは珠の動かし方であり，桁のくり上がりやくり下がりなど，「この問題のときはこの動かし方」という練習して覚えた各ステップのこと。「珠算の手続きの本質的意味」とは，「なぜ珠をそのように動かすのか」，「この手続きは数学的にどのような意味をもつのか」ということである。よって，正答は4。

6 4

解説 竹田青嗣『中学生からの哲学「超」入門』より。 1 18歳になれば法律上自由に生き方を選択する権利があるが，18歳未満の子供に自由や人権がまったくないということではない。 2 本文は近代社会において人が自由と人権を得るための条件について論じている。無条件ということではない。 3 18歳になれば法律上誰でも自由を保証されるのであって，無条件で自由になれるわけではない。 4 正しい。自分の行動に責任が持てるようになって初めて自由と人権が与えられる。その目安を法律は18歳と定めている。 5 障害者にも自由と人権が保証される。現代社会では，障害者に責任能力がないという理由で，自由や人権が与えられないということは現実的ではない。

7 4

解説 1 批判とは，本来は，検討を十分に加えるものであるとの記述がある。 2 ドイツ語のクリティークについては，むしろ肯定的に捉えられている。 3 ケインズがシュンペーターを批判したとの記述はない。4 正しい。第2段落の内容と一致している。 5 批判精神そのものを重視する記述や，批判の型が個性的であるべきという記述はない。

非言語分野

計算式・不等式

演習問題

1 分数$\frac{30}{7}$を小数で表したとき，小数第100位の数字として正しいものはどれか。

1　1　　2　2　　3　4　　4　5　　5　7

2 $x=\sqrt{2}-1$のとき，$x+\frac{1}{x}$の値として正しいものはどれか。

1　$2\sqrt{2}$　　2　$2\sqrt{2}-2$　　3　$2\sqrt{2}-1$　　4　$3\sqrt{2}-3$
5　$3\sqrt{2}-2$

3 360の約数の総和として正しいものはどれか。

1　1060　　2　1170　　3　1250　　4　1280　　5　1360

4 $\frac{x}{2}=\frac{y}{3}=\frac{z}{5}$のとき，$\frac{x-y+z}{3x+y-z}$の値として正しいものはどれか。

1　-2　　2　-1　　3　$\frac{1}{2}$　　4　1　　5　$\frac{3}{2}$

5 $\frac{\sqrt{2}}{\sqrt{2}-1}$の整数部分を$a$，小数部分を$b$とするとき，$a\times b$の値として正しいものは次のうちどれか。

1　$\sqrt{2}$　　2　$2\sqrt{2}-2$　　3　$2\sqrt{2}-1$　　4　$3\sqrt{2}-3$
5　$3\sqrt{2}-2$

6 $x=\sqrt{5}+\sqrt{2}$，$y=\sqrt{5}-\sqrt{2}$のとき，x^2+xy+y^2の値として正しいものはどれか。

1　15　　2　16　　3　17　　4　18　　5　19

7 $\dfrac{\sqrt{2}}{\sqrt{2}-1}$の整数部分を$a$，小数部分を$b$とするとき，$b^2$の値として正しいものはどれか。

1　$2-\sqrt{2}$　　2　$1+\sqrt{2}$　　3　$2+\sqrt{2}$　　4　$3+\sqrt{2}$

5　$3-2\sqrt{2}$

8 ある中学校の生徒全員のうち，男子の7.5%，女子の6.4%を合わせて37人がバドミントン部員であり，男子の2.5%，女子の7.2%を合わせて25人が吹奏楽部員である。この中学校の女子全員の人数は何人か。

1　246人　　2　248人　　3　250人　　4　252人　　5　254人

9 連続した3つの正の偶数がある。その小さい方2数の2乗の和は，一番大きい数の2乗に等しいという。この3つの数のうち，最も大きい数として正しいものはどれか。

1　6　　2　8　　3　10　　4　12　　5　14

○○○解答・解説○○○

1 5

解説 実際に30を7で割ってみると，

$\dfrac{30}{7}=4.28571428571\cdots\cdots$となり，小数点以下は，6つの数字“285714”が繰り返されることがわかる。$100\div6=16$余り4だから，小数第100位は，“285714”のうちの4つ目の“7”である。

2 1

解説 $x=\sqrt{2}-1$を$x+\dfrac{1}{x}$に代入すると，

$$x+\frac{1}{x}=\sqrt{2}-1+\frac{1}{\sqrt{2}-1}=\sqrt{2}-1+\frac{\sqrt{2}+1}{(\sqrt{2}-1)(\sqrt{2}+1)}$$

$$=\sqrt{2}-1+\frac{\sqrt{2}+1}{2-1}$$

$$=\sqrt{2}-1+\sqrt{2}+1=2\sqrt{2}$$

3 2

解説 360を素因数分解すると，$360 = 2^3 \times 3^2 \times 5$ であるから，約数の総和は$(1+2+2^2+2^3)(1+3+3^2)(1+5) = (1+2+4+8)(1+3+9)(1+5) = 15 \times 13 \times 6 = 1170$ である。

4 4

解説 $\frac{x}{2} = \frac{y}{3} = \frac{z}{5} = A$ とおく。

$x = 2A,\ y = 3A,\ z = 5A$ となるから，

$x - y + z = 2A - 3A + 5A = 4A,\ 3x + y - z = 6A + 3A - 5A = 4A$

したがって，$\frac{x - y + z}{3x + y - z} = \frac{4A}{4A} = 1$ である。

5 4

解説 分母を有理化する。

$$\frac{\sqrt{2}}{\sqrt{2}-1} = \frac{\sqrt{2}(\sqrt{2}+1)}{(\sqrt{2}-1)(\sqrt{2}+1)} = \frac{2+\sqrt{2}}{2-1} = 2+\sqrt{2} = 2+1.414\cdots = 3.414\cdots$$

であるから，$a=3$であり，$b=(2+\sqrt{2})-3=\sqrt{2}-1$ となる。

したがって，$a \times b = 3(\sqrt{2}-1) = 3\sqrt{2}-3$

6 3

解説 $(x+y)^2 = x^2 + 2xy + y^2$ であるから，

$x^2 + xy + y^2 = (x+y)^2 - xy$ と表せる。

ここで，$x+y = (\sqrt{5}+\sqrt{2}) + (\sqrt{5}-\sqrt{2}) = 2\sqrt{5}$，

$xy = (\sqrt{5}+\sqrt{2})(\sqrt{5}-\sqrt{2}) = 5-2 = 3$

であるから，求める$(x+y)^2 - xy = (2\sqrt{5})^2 - 3 = 20 - 3 = 17$

7 5

解説 分母を有理化すると，

$$\frac{\sqrt{2}}{\sqrt{2}-1} = \frac{\sqrt{2}(\sqrt{2}+1)}{(\sqrt{2}-1)(\sqrt{2}+1)} = \frac{2+\sqrt{2}}{2-1} = 2+\sqrt{2}$$

$\sqrt{2} = 1.4142\cdots\cdots$であるから，$2+\sqrt{2} = 2+1.4142\cdots\cdots = 3.14142\cdots\cdots$

したがって，$a=3,\ b=2+\sqrt{2}-3=\sqrt{2}-1$といえる。

したがって，$b^2 = (\sqrt{2}-1)^2 = 2-2\sqrt{2}+1 = 3-2\sqrt{2}$である。

8 3

解説 男子全員の人数をx，女子全員の人数をyとする。

$0.075x + 0.064y = 37 \cdots ①$

$0.025x + 0.072y = 25 \cdots ②$

①−②×3より

$$\begin{array}{rl} & \begin{cases} 0.075x + 0.064y = 37 \cdots ① \\ 0.075x + 0.216y = 75 \cdots ②' \end{cases} \\ -) & \\ \hline & -0.152y = -38 \end{array}$$

$\therefore \quad 152y = 38000 \qquad \therefore \quad y = 250 \quad x = 280$

よって，女子全員の人数は250人。

9 3

解説 3つのうちの一番小さいものを$x(x>0)$とすると，連続した3つの正の偶数は，x，$x+2$，$x+4$ であるから，与えられた条件より，次の式が成り立つ。$x^2+(x+2)^2=(x+4)^2$ かっこを取って，$x^2+x^2+4x+4=x^2+8x+16$ 整理して，$x^2-4x-12=0$ よって，$(x+2)(x-6)=0$ よって，$x=-2, 6$ $x>0$だから，$x=6$ である。したがって，3つの偶数は，6，8，10である。このうち最も大きいものは，10である。

速さ・距離・時間

演習問題

1 家から駅までの道のりは30kmである。この道のりを，初めは時速5km，途中から，時速4kmで歩いたら，所要時間は7時間であった。時速5kmで歩いた道のりとして正しいものはどれか。

1　8km　　2　10km　　3　12km　　4　14km　　5　15km

2 横の長さが縦の長さの2倍である長方形の厚紙がある。この厚紙の四すみから，一辺の長さが4cmの正方形を切り取って，折り曲げ，ふたのない直方体の容器を作る。その容積が64cm^{3}のとき，もとの厚紙の縦の長さとして正しいものはどれか。

1　$6-2\sqrt{3}$　　2　$6-\sqrt{3}$　　3　$6+\sqrt{3}$　　4　$6+2\sqrt{3}$
5　$6+3\sqrt{3}$

3 縦50m，横60mの長方形の土地がある。この土地に，図のような直角に交わる同じ幅の通路を作る。通路の面積を土地全体の面積の$\frac{1}{3}$以下にするには，通路の幅を何m以下にすればよいか。

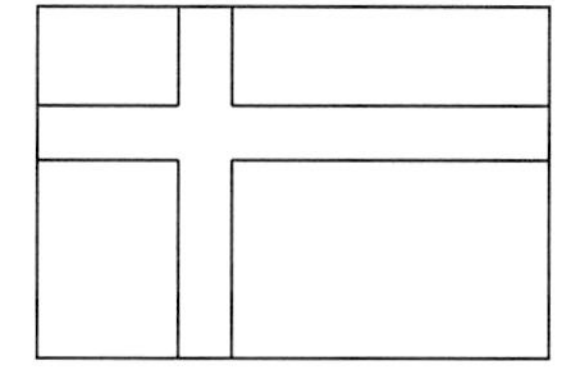

1　8m　　2　8.5m　　3　9m　　4　10m
5　10.5m

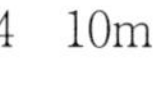

4 下の図のような，曲線部分が半円で，1周の長さが240mのトラックを作る。中央の長方形ABCDの部分の面積を最大にするには，直線部分ADの長さを何mにすればよいか。次から選べ。

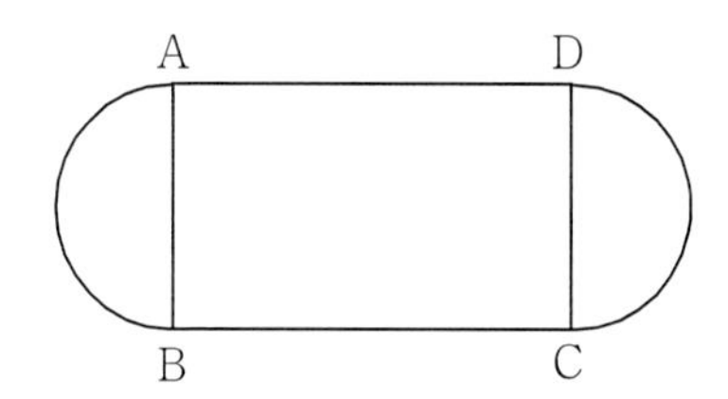

1　56m　　2　58m　　3　60m　　4　62m　　5　64m

5 AとBの2つのタンクがあり，Aには$8m^3$，Bには$5m^3$の水が入っている。Aには毎分$1.2m^3$，Bには毎分$0.5m^3$ずつの割合で同時に水を入れ始めると，Aの水の量がBの水の量の2倍以上になるのは何分後からか。正しいものはどれか。

1　8分後　　2　9分後　　3　10分後　　4　11分後　　5　12分後

○○○解答・解説○○○

1 2

解説 時速5kmで歩いた道のりを$x$kmとすると，時速4kmで歩いた道のりは，$(30-x)$ kmであり，時間＝距離÷速さ であるから，次の式が成り立つ。

$$\frac{x}{5}+\frac{30-x}{4}=7$$

両辺に20をかけて，$4x+5(30-x)=7\times20$

整理して，$4x+150-5x=140$

よって，$x=10$ である。

2 4

解説 厚紙の縦の長さを$x$cmとすると，横の長さは$2x$cmである。また，このとき，容器の底面は，縦$(x-8)$cm，横$(2x-8)$cmの長方形で，容器の高さは4cmである。

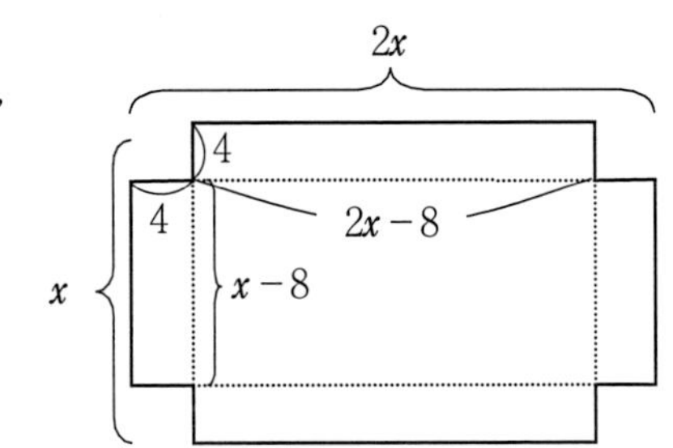

厚紙の縦，横，及び，容器の縦，横の長さは正の数であるから，

$x>0$，$x-8>0$，$2x-8>0$

すなわち，$x>8$……①

容器の容積が$64cm^3$であるから，

$4(x-8)(2x-8)=64$となり，

$(x-8)(2x-8)=16$

これより，$(x-8)(x-4)=8$

$x^2-12x+32=8$となり，$x^2-12x+24=0$

よって，$x=6\pm\sqrt{6^2-24}=6\pm\sqrt{12}=6\pm2\sqrt{3}$

このうち①を満たすものは，$x=6+2\sqrt{3}$

3 4

解説 通路の幅をxmとすると，$0<x<50$……①

また，$50x+60x-x^2 \leqq 1000$

よって，$(x-10)(x-100) \geqq 0$

したがって，$x \leqq 10$，$100 \leqq x$……②

①②より，$0<x \leqq 10$　つまり，10m以下。

4 3

解説 直線部分ADの長さをxmとおくと，$0<2x<240$より，xのとる値の範囲は，$0<x<120$である。

半円の半径をrmとおくと，

$2\pi r=240-2x$より，

$$r=\frac{120}{\pi}-\frac{x}{\pi}=\frac{1}{\pi}(120-x)$$

長方形ABCDの面積をym²とすると，

$$y=2r \cdot x=2 \cdot \frac{1}{\pi}(120-x)x$$
$$=-\frac{2}{\pi}(x^2-120x)$$
$$=-\frac{2}{\pi}(x-60)^2+\frac{7200}{\pi}$$

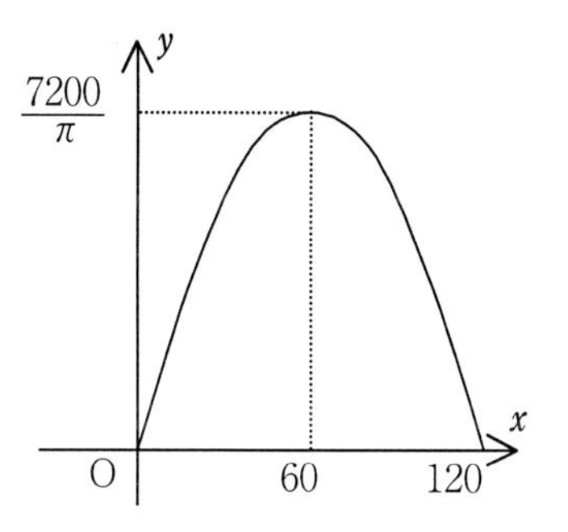

この関数のグラフは，図のようになる。yは$x=60$のとき最大となる。

5 3

解説 x分後から2倍以上になるとすると，題意より次の不等式が成り立つ。

$$8+1.2x \geqq 2(5+0.5x)$$

かっこをはずして，$8+1.2x \geqq 10+x$

整理して，$0.2x \geqq 2$　よって，$x \geqq 10$

つまり10分後から2倍以上になる。

組み合わせ・確率

演習問題

1 1個のさいころを続けて3回投げるとき，目の和が偶数になるような場合は何通りあるか。正しいものを選べ。

1　106通り　　2　108通り　　3　110通り　　4　112通り
5　115通り

2 A，B，C，D，E，Fの6人が2人のグループを3つ作るとき，AとBが同じグループになる確率はどれか。正しいものを選べ。

1　$\frac{1}{6}$　　2　$\frac{1}{5}$　　3　$\frac{1}{4}$　　4　$\frac{1}{3}$　　5　$\frac{1}{2}$

○○○解答・解説○○○

1 2

解説 和が偶数になるのは，3回とも偶数の場合と，偶数が1回で，残りの2回が奇数の場合である。さいころの目は，偶数と奇数はそれぞれ3個だから，

(1)　3回とも偶数：3×3×3＝27〔通り〕
(2)　偶数が1回で，残りの2回が奇数
・偶数/奇数/奇数：3×3×3＝27〔通り〕
・奇数/偶数/奇数：3×3×3＝27〔通り〕
・奇数/奇数/偶数：3×3×3＝27〔通り〕

したがって，合計すると，27＋(27×3)＝108〔通り〕である。

2 2

解説 A，B，C，D，E，Fの6人が2人のグループを3つ作るときの，すべての作り方は$\frac{{}_6C_2 \times {}_4C_2}{3!}=15$通り。このうち，AとBが同じグループになるグループの作り方は$\frac{{}_4C_2}{2!}=3$通り。よって，求める確率は$\frac{3}{15}=\frac{1}{5}$である。

演習問題

1 次の図で，直方体ABCD－EFGHの辺 AB，BCの中点をそれぞれM，Nとする。この直方体を3点M，F，Nを通る平面で切り，頂点Bを含むほうの立体をとりさる。AD＝DC＝8cm，AE＝6cmのとき，△MFNの面積として正しいものはどれか。

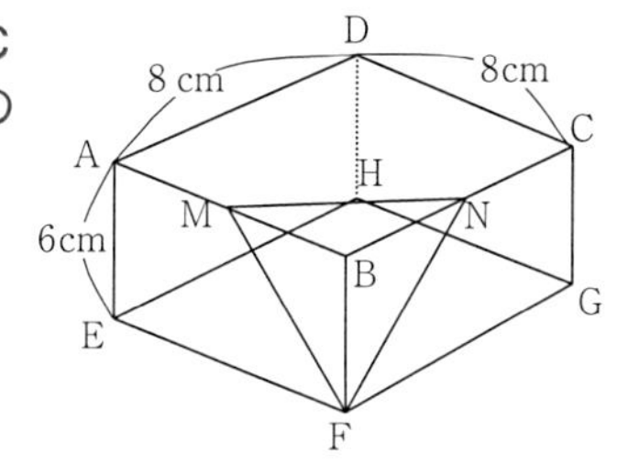

1　$3\sqrt{22}$〔cm²〕　　2　$4\sqrt{22}$〔cm²〕
3　$5\sqrt{22}$〔cm²〕　　4　$4\sqrt{26}$〔cm²〕
5　$4\sqrt{26}$〔cm²〕

2 右の図において，四角形ABCDは円に内接しており，弧BC＝弧CDである。AB，ADの延長と点Cにおけるこの円の接線との交点をそれぞれP，Qとする。AC＝4cm，CD＝2cm，DA＝3cmとするとき，△BPCと△APQの面積比として正しいものはどれか。

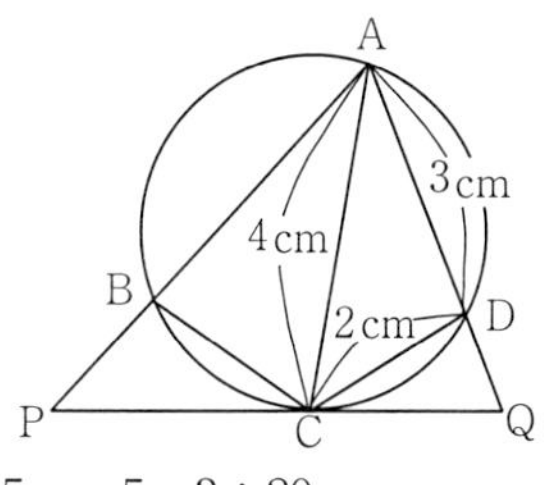

1　1：5　　2　1：6　　3　1：7　　4　2：15　　5　3：20

3 1辺の長さが15のひし形がある。その対角線の長さの差は6である。このひし形の面積として正しいものは次のどれか。

1　208　　2　210　　3　212　　4　214　　5　216

4 右の図において，円C_1の半径は2，円C_2の半径は5，2円の中心間の距離は$O_1O_2=9$である。2円の共通外接線lと2円C_1, C_2との接点をそれぞれA，Bとするとき，線分ABの長さとして正しいものは次のどれか。

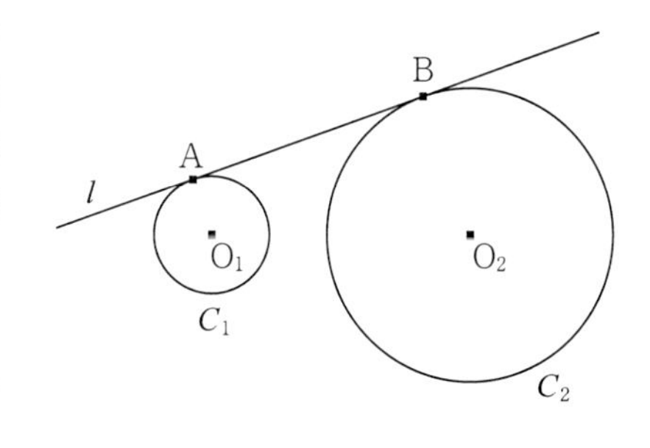

1　$3\sqrt{7}$　　2　8　　3　$6\sqrt{2}$　　4　$5\sqrt{3}$　　5　$4\sqrt{5}$

5 下の図において，点Eは，平行四辺形ABCDの辺BC上の点で，AB＝AEである。また，点Fは，線分AE上の点で，∠AFD＝90°である。∠ABE＝70°のとき，∠CDFの大きさとして正しいものはどれか。

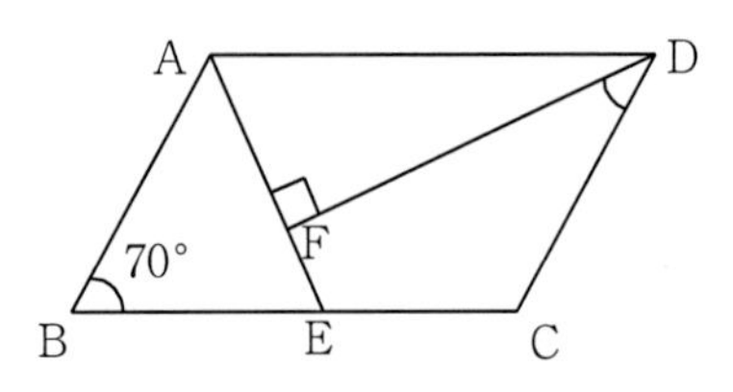

1　48°　　2　49°　　3　50°　　4　51°　　5　52°

6 底面の円の半径が4で，母線の長さが12の直円すいがある。この円すいに内接する球の半径として正しいものは次のどれか。

1　$2\sqrt{2}$

2　3

3　$2\sqrt{3}$

4　$\frac{8}{3}\sqrt{2}$

5　$\frac{8}{3}\sqrt{3}$

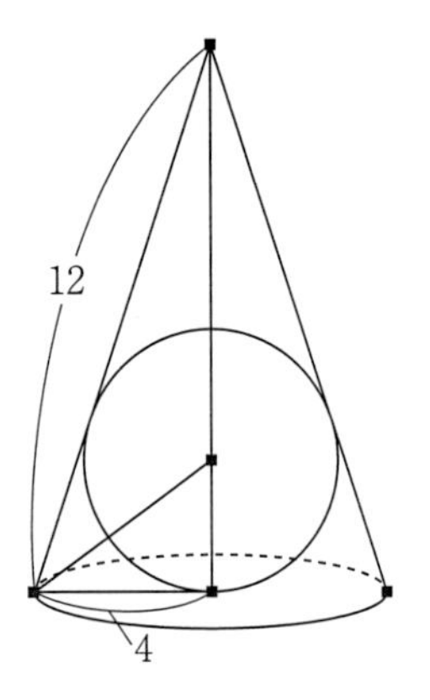

○○○解答・解説○○○

1 2

解説　△MFNはMF＝NFの二等辺三角形。$MB=\frac{8}{2}=4$, BF＝6より，

$MF^2=4^2+6^2=52$

また，$MN=4\sqrt{2}$

FからMNに垂線FTを引くと，△MFTで三平方の定理より，

$FT^2=MF^2-MT^2=52-\left(\frac{4\sqrt{2}}{2}\right)^2=52-8=44$

よって，$FT=\sqrt{44}=2\sqrt{11}$

したがって，$\triangle MFN=\frac{1}{2}\cdot 4\sqrt{2}\cdot 2\sqrt{11}=4\sqrt{22}$〔cm²〕

2 3

解説 $\angle PBC = \angle CDA$，$\angle PCB = \angle BAC = \angle CAD$から，

$\triangle BPC \backsim \triangle DCA$

相似比は2：3，面積比は，4：9

また，$\triangle CQD \backsim \triangle AQC$で，相似比は1：2，面積比は1：4

したがって，$\triangle DCA : \triangle AQC = 3 : 4$

よって，$\triangle BPC : \triangle DCA : \triangle AQC = 4 : 9 : 12$

さらに，$\triangle BPC \backsim \triangle CPA$で，相似比1：2，面積比1：4

よって，$\triangle BPC : \triangle APQ = 4 : (16 + 12) = 4 : 28 = 1 : 7$

3 5

解説 対角線のうちの短い方の長さの半分の長さをxとすると，長い方の対角線の長さの半分は，$(x+3)$と表せるから，三平方の定理より次の式がなりたつ。

$x^2 + (x+3)^2 = 15^2$

整理して，$2x^2 + 6x - 216 = 0$　よって，$x^2 + 3x - 108 = 0$

$(x-9)(x+12) = 0$より，$x = 9, -12$　xは正だから，$x = 9$である。

したがって，求める面積は，$4 \times \dfrac{9 \times (9+3)}{2} = 216$

4 5

解説 円の接線と半径より$O_1A \perp l$，$O_2B \perp l$であるから，点O_1から線分O_2Bに垂線O_1Hを下ろすと，四角形AO_1HBは長方形で，

$HB = O_1A = 2$だから，

$O_2H = 3$

$\triangle O_1O_2H$で三平方の定理より，

$O_1H = \sqrt{9^2 - 3^2} = 6\sqrt{2}$

よって，$AB = O_1H = 6\sqrt{2}$

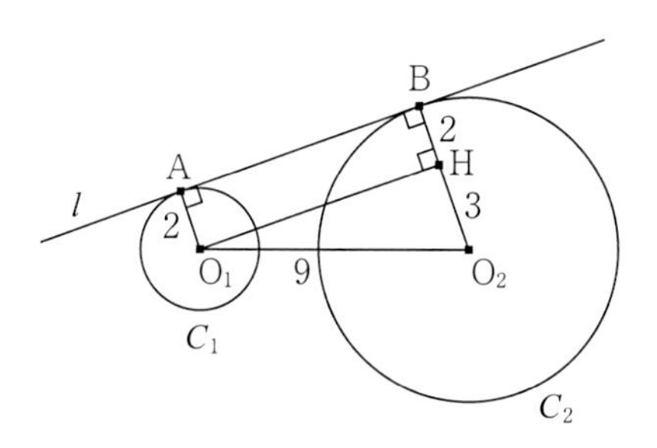

5 3

解説 ∠AEB＝∠ABE＝70°より，∠AEC＝180－70＝110°
また，∠ABE＋∠ECD＝180°より，∠ECD＝110°
四角形FECDにおいて，四角形の内角の和は360°だから，
∠CDF＝360°－（90°＋110°＋110°）＝50°

6 1

解説 円すいの頂点をA，球の中心をO, 底面の円の中心をHとする。3点A, O, Hを含む平面でこの立体を切断すると，断面は図のような二等辺三角形とその内接円であり，求めるものは内接円の半径OHである。

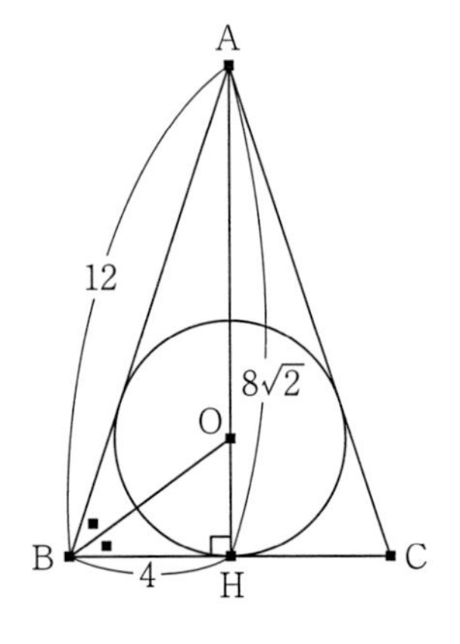

△ABHで三平方の定理より，
$AH=\sqrt{12^2-4^2}=8\sqrt{2}$
Oは三角形ABCの内心だから，BOは∠ABHの2等分線である。
よって，AO：OH＝BA：BH＝3：1
$OH=\frac{1}{4}AH=2\sqrt{2}$

推理・推論

演習問題

1 O市，P市，Q市の人口密度（1km^{2}あたりの人口）を下表に示してある，O市とQ市の面積は等しく，Q市の面積はP市の2倍である。

市	人口密度
O	390
P	270
Q	465

このとき，次の推論ア，イの正誤として，正しいものはどれか。

ア　P市とQ市を合わせた地域の人口密度は300である

イ　P市の人口はQ市の人口より多い

1　アもイも正しい
2　アは正しいが，イは誤り
3　アは誤りだが，イは正しい
4　アもイも誤り
5　アもイもどちらとも決まらない

2 2から10までの数を1つずつ書いた9枚のカードがある。A，B，Cの3人がこの中から任意の3枚ずつを取ったところ，Aの取ったカードに書かれていた数の合計は15で，その中には，5が入っていた。Bの取ったカードに書かれていた数の合計は16で，その中には，8が入っていた。Cの取ったカードに書かれていた数の中に入っていた数の1つは，次のうちのどれか。

1　2　　2　3　　3　4　　4　6　　5　7

3 体重の異なる8人が，シーソーを使用して，一番重い人と2番目に重い人を選び出したい。シーソーでの重さ比べを，少なくとも何回行わなければならないか。ただし，シーソーには両側に1人ずつしか乗らないものとする。

1　6回　　2　7回　　3　8回　　4　9回　　5　10回

4 A～Fの6人がゲーム大会をして，優勝者が決定された。このゲーム大会の前に6人は，それぞれ次のように予想を述べていた。予想が当たったのは2人のみで，あとの4人ははずれであった。予想が当たった2人の組み合わせとして正しいものはどれか。

A 「優勝者は，私かCのいずれかだろう。」

B 「優勝者は，Aだろう。」

C 「Eの予想は当たるだろう。」

D 「優勝者は，Fだろう。」

E 「優勝者は，私かFのいずれかだろう。」

F 「Aの予想ははずれるだろう。」

1 A，B　2 A，C　3 B，D　4 C，D　5 D，E

5 ある会合に参加した人30人について調査したところ，傘を持っている人，かばんを持っている人，筆記用具を持っている人の数はすべて1人以上29人以下であり，次の事実がわかった。

i）傘を持っていない人で，かばんを持っていない人はいない。

ii）筆記用具を持っていない人で，かばんを持っている人はいない。

このとき，確実に言えるのは次のどれか。

1 かばんを持っていない人で，筆記用具を持っている人はいない。

2 傘を持っている人で，かばんを持っている人はいない。

3 筆記用具を持っている人で，傘を持っている人はいない。

4 傘を持っていない人で，筆記用具を持っていない人はいない。

5 かばんを持っている人で，傘を持っている人はいない。

6 次A，B，C，D，Eの5人が，順に赤，緑，白，黒，青の5つのカードを持っている。また赤，緑，白，黒，青の5つのボールがあり，各人がいずれか1つのボールを持っている。各自のカードの色とボールの色は必ずしも一致していない。持っているカードの色とボールの色の組み合わせについてア，イのことがわかっているとき，Aの持っているボールの色は何色か。ただし，以下でXとY 2人の色の組み合わせが同じであるとは，「Xのカード，ボールの色が，それぞれYのボール，カードの色と一致」していることを意味する。

ア　CとEがカードを交換すると，CとDの色の組み合わせだけが同じになる。

イ　BとDがボールを交換すると，BとEの色の組み合わせだけが同じになる。

1 青　2 緑　3 黒　4 赤　5 白

○○○解答・解説○○○

1 3

解説 「O市とQ市の面積は等しく，Q市の面積はP市の2倍」ということから，仮にO市とQ市の面積を1km^2，P市の面積を2km^{2}と考える。

ア…P市の人口は270×2＝540人，Q市の人口は465×1＝465人で，2つの市を合わせた地域の面積は3km2なので，人口密度は，(540＋465)÷3＝335人になる。

イ…P市の人口は540人，Q市は465人なので，P市の方が多いので正しいといえる。

よって推論アは誤りだが，推論イは正しい。

よって正解は3である。

2 3

解説 まず，Bが取った残りの2枚のカードに書かれていた数の合計は，16－8＝8である。したがって2枚のカードはどちらも6以下である。ところが「5」はAが取ったカードにあるから除くと，「2」，「3」，「4」，「6」の4枚となるが，この中で2数の和が8になるのは，「2」と「6」しかない。

次にAが取った残りの2枚のカードに書かれていた数の合計は，15－5＝10である。したがって2枚のカードはどちらも8以下である。この中で，すでにA自身やBが取ったカードを除くと「3」，「4」，「7」の3枚となるが，この中で2数の和が10になるのは，「3」と「7」のみである。

以上のことから，Cの取った3枚のカードは，AとBが取った残りの「4」「9」「10」である。

3 4

解説 全員の体重が異なるのだから，1人ずつ比較するしかない。したがって一番重い人を見つけるには，8チームによるトーナメント試合数，すなわち8－1＝7（回）でよい。図

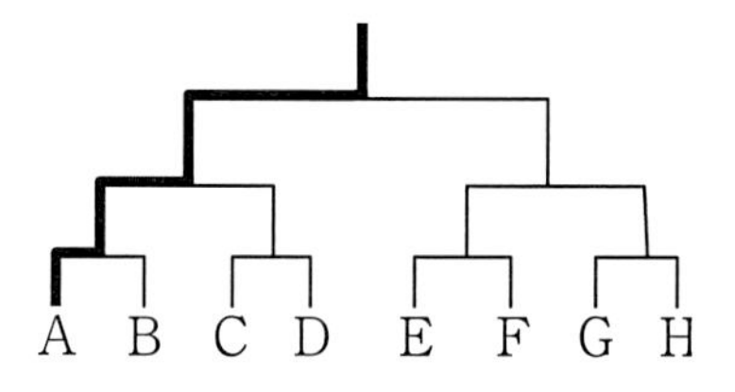

は8人をA～Hとしてその方法を表したもので，Aが最も重かった場合である。次に2番目に重い人の選び出し方であるが，2番目に重い人の候補になるのは，図でAと比較してAより軽いと判断された3人である。すなわち最初に比較したBと，2回目に比較したC，Dのうちの重い方と，最後にAと比較したE～Hの中で一番重い人の3人である。そしてこの3人の中で一番重い人を見つける方法は2回でよい。結局，少なくとも7＋2＝9（回）の重さ比べが必要であるといえる。

4 1

解説 下の表は，縦の欄に優勝したと仮定した人。横の欄に各人の予想が当たったか（○）はずれたか（×）を表したものである。

	A	B	C	D	E	F
A	○	○	×	×	×	×
B	×	×	×	×	×	○
C	○	×	×	×	×	×
D	×	×	×	×	×	○
E	×	×	○	×	○	○
F	×	×	○	○	○	○

「予想が当たったのは，2人のみ」という条件を満たすのは，Aが優勝したと仮定したときのAとBのみである。よって，1が正しい。

5 3

解説 i）ii）より集合の包含関係は図のようになっている。

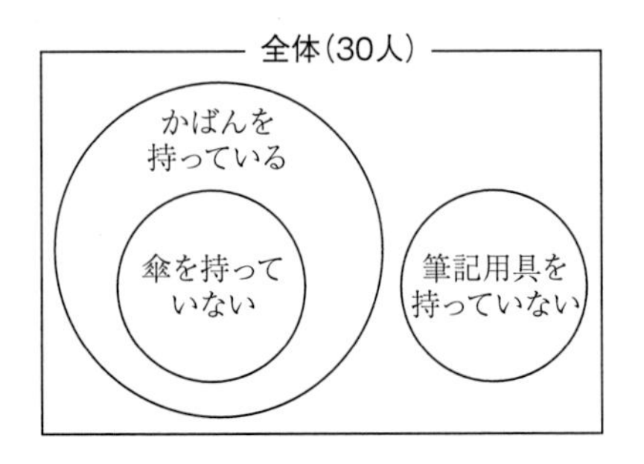

図より，傘を持っていない人の集合と，筆記用具を持っていない人の集

合の共通部分は空集合であり，選択肢1，2，3，5については必ずしも空集合とは限らない。

したがって，確実に言えるのは「傘を持っていない人で，筆記用具を持っていない人はいない」のみである。

6 5

解説 最初の状態は，

	A	B	C	D	E
カード	赤	緑	白	黒	青

まずアより，EとCがカードを交換した場合，CとDの色の組み合わせだけが同じになることから，ボールの色が次のように決まる。

	A	B	C	D	E
カード	赤	緑	青	黒	白
ボール			黒	青	

つまり，Cのボールが黒，Dのボールが青と決まる。

カード交換前のカードの色で表すと，

	A	B	C	D	E
カード	赤	緑	白	黒	青
ボール			黒	青	

さらにイより，BとDがボールを交換すると，BとEの色の組み合わせだけが同じになることから，Eのボールの色が緑ときまる。つまり，

	A	B	C	D	E
カード	赤	緑	白	黒	青
ボール			黒	青	緑

ここで，Bのボールの色が白だとすると，Dとボールを交換したときに，CとDが黒と白で同じ色の組み合わせになってしまう。したがって，Aのボールの色が白，Bのボールの色が赤といえる。

つまり，次のように決まる。

	A	B	C	D	E
カード	赤	緑	白	黒	青
ボール	白	赤	黒	青	緑

図表の読み取り

演習問題

[1] 次の表は消防白書（総務省）より平成26年の出火原因別火災の発生状況とその損害額（千円）をまとめたものである。これについて正しいものはどれか。

出火原因	出火件数	損害額（千円）
放火	4884	3442896
こんろ	3484	3736938
たばこ	4088	4534257
放火の疑い	3154	2428493
たき火	2913	944074
火遊び	978	448466
火入れ	1665	257438
ストーブ	1426	5003139
電灯・電話の配線等	1298	5435929
配線器具	1193	2928339

（総務省消防庁『平成27年版　消防白書』より作成）

1 「火遊び」による損害額は最も低く，1件あたりの損害額も最も低くなっている。

2 「放火」による出火件数は最も多く，1件あたりの損害額は150万円を超える。

3 例年最も多い出火原因として挙げられるのは「放火」によるものである。

4 損害額が最も高い項目は，1件あたりの損害額も最も高くなっている。

5 損害額が3番目に高い項目は，1件あたりの損害額も同順位となっている。

[2] 次の表は2014年における各国の失業者数・失業率を示したものである。この表から正しくいえるものはどれか。

	失業者数（千人）	失業率（%）
日本	2359	3.6
フランス	3001	10.2
アメリカ	9616	6.2
韓国	937	3.5
ドイツ	2090	5.0
オーストラリア	745	6.1

（ILO "KILM 8th edition" より作成）

1 失業者数が最も多い国は，最も少ない国のおよそ15倍の人数である。
2 失業率が最も高い国は，失業者数も最も多くなっている。
3 日本の失業者数は，韓国の失業者数のおよそ2.5倍である。
4 失業率が最も低い国は，失業者数も最も少なくなっている。
5 ドイツはいずれの項目においても3番目に高い数値となっている。

3 次の表は各国の漁獲量（千t）を表している。この表から正しくいえるものはどれか。

	1960年	1980年	2000年	2014年
中国	2,215	3,147	14,982	17,514
インドネシア	681	1,653	4,159	6,508
アメリカ合衆国	2,715	3,703	4,760	4,984
インド	1,117	2,080	3,726	4,719
ロシア	3,066	9,502	4,027	4,233
ミャンマー	360	577	1,093	4,083

（帝国書院『地理データファイル2017年度版』より作成）

1 いずれの国においても，漁獲量は年々増加しており，2014年が最も大きい値となっている。
2 2014年におけるミャンマーの漁獲量は，1960年の漁獲量の12倍以上である。
3 2000年において漁獲量が最も少ない国は，2014年においても最も少ない漁獲量の数値を示している。
4 1980年における中国の漁獲量は，1960年の漁獲量の2倍以上である。
5 インドネシアにおける漁獲量は，いずれの年においてもアメリカの漁獲量を下回っている。

4 次の図は，わが国の製造業の事業所数，従業者数，出荷額について，平成7年の数値を100として表したものである（以下製造業を略す）。この図からいえることとして正しいものはどれか。

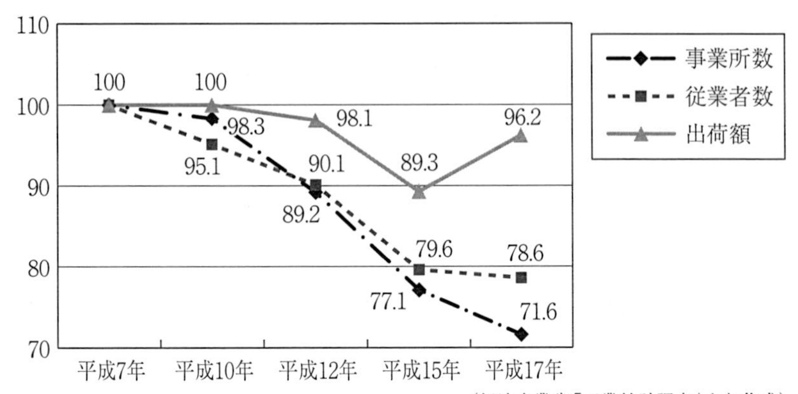

（経済産業省「工業統計調査」より作成）

1　平成15年の従業者数は平成12年の0.9倍以上である。

2　平成15年の1事業所当たりの出荷額は平成10年と比較して減少している。

3　平成10年の事業所数は平成15年の事業所数の1.2倍未満である。

4　平成12年の1事業所当たりの従業者数は平成10年と比較して増加している。

5　平成17年の1事業所当たりの出荷額は平成7年の1.4倍以上である。

5 次の表は，日本におけるサービス業，卸売・小売業，製造業の就業者数の推移を示したものである。この表から読み取れる内容についての記述として，妥当なものはどれか。

	就業者数（万人）			
	総数	サービス業	卸売・小売業	製造業
1970年	5,443	906	873	1,453
1980年	5,866	1,279	1,040	1,356
1990年	6,427	1,716	1,104	1,488
2000年	6,526	2,154	1,141	1,249
2010年	6,448	2,283	1,172	1,018

（「国民所得計算」「日本の100年」より作成）

1　1970年から1990年にかけてのデータを比較すると，各業種ともに新しいデータほど就業者の人数が多くなっている。

2　業種ごとに就業者の増減を比較すると，時期が下るほど就業者が増加し続けている業種はない。

3　最も変動が激しい業種について，最少と最多の時期を比較すると，2.5倍を超える開きがある。

4　就業者の数について，最少と最多の時期の開きが最も小さい業種は，製造業である。

5　就業者の総数は，実質国内総生産の推移によって変動している。

6　次の表は，わが国の自然公園の地域別面積を示したものである。自然公園は国立公園，国定公園及び都道府県立自然公園の3種類がある。またそれぞれ特別地域が定められている。この表からいえることとして正しいものはどれか。

わが国の自然公園の地域別面積

種別	公園数	公園面積（ha）	国土面積に対する比率（%）	内訳			
				特別地域		普通地域	
				面積（ha）	比率（%）	面積（ha）	比率（%）
国立公園	29	2,087,504	5.523	1,504,690	72.1	582,814	27.9
国定公園	56	1,362,065	3.604	1,267,743	93.1	94,322	6.9
都道府県立自然公園	313	1,970,780	5.214	716,531	36.4	1,254,248	63.6
自然公園合計	398	5,420,349	14.341	3,488,964	64.4	1,931,384	35.6

（環境省「自然公園面積総括表」より作成）

1　国立公園の普通地域の面積の，自然公園合計の普通地域の面積に対する割合は28%未満である。

2　国立公園の1公園当たりの面積は，国定公園の1公園当たりの面積の4倍以上である。

3　都道府県立自然公園の特別地域の面積の，国土面積に対する割合は2.6%未満である。

4　国定公園の面積は，都道府県立自然公園の面積の0.6倍未満である。

5　国立公園の1公園当たりの面積は，69,000ha未満である。

7 次の表は，日本における織物の生産の推移を示している。この表から読み取れる内容として妥当なものはどれか。

（単位　百万 m^2）

	1980年	1990年	2000年	2010年
天然繊維織物…………	2675	2199	799	161
綿織物……………	2202	1765	664	124
毛織物……………	294	335	98	32
絹・絹紡織物………	152	84	33	4
化学繊維織物…………	4040	3376	1846	822
再生・半合成繊維織物	882	708	273	92
合成繊維織物………	3159	2668	1573	730
計×………………	6737	5587	2645	983

×その他とも。

（経済産業省「生産動態統計」『日本国勢図会2018/19』より作成）

1　化学繊維織物の生産が最も減少している時期は，オイルショックの時期と重なっている。

2　天然繊維織物について，最も古いデータと最も新しいのデータを比較すると，約30分の1に減少している。

3　日本における織物の生産は，全体として減少傾向にあるものの，品目によっては一時的に増加している。

4　織物の生産の合計の推移をみると，2000年から2010年にかけての減少幅が最も大きい。

5　天然繊維織物の減少の要因としては，化学繊維織物の品質の向上によるものが大きい。

8 次の図は，日本の2016年における従業者４人以上の従業者数別事業所数の割合と，それぞれの事業所が占める製造品出荷額等の割合を示したグラフである。ここから読み取れる内容として，最も妥当なものはどれか。

日本の従業者数別事業所数と製造品出荷額等

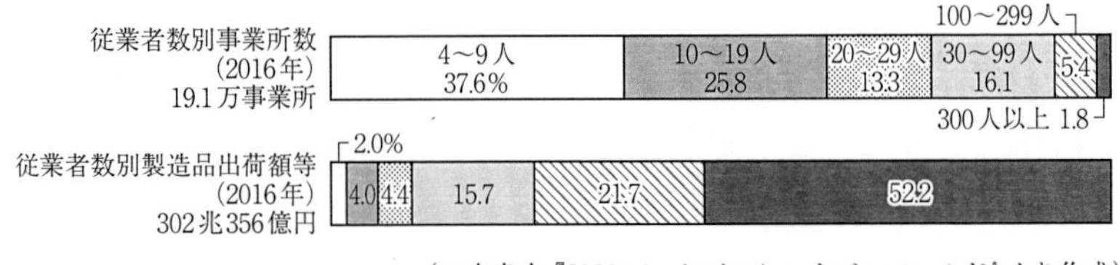

（二宮書店『2020データブック・オブ・ワールド』より作成）

1　300人以上の事業所による製造品出荷額等の金額は，全体の半分に満たない。

2　従業者4～9人の事業所による製造品出荷額等の金額は，6兆円に満たない。

3　事業所数について比較すると，その割合が最も多いのは事業者数が4～9人の事業所であり，その数は，7万を超えている。

4　事業所数について，20人以上の事業所は，全体の3分の1に満たない。

5　事業所数について，その増加率を比較すると，300人以上の事業所の増加率が最も高く，10％を超えている。

9　次の図は，縦軸が第3次産業人口率，横軸が1人当たり国民総所得（GNI）を表し，各国のそれぞれの値をもとにグラフ上に点で示したものである。この図から読み取れる内容として，最も妥当なものはどれか。

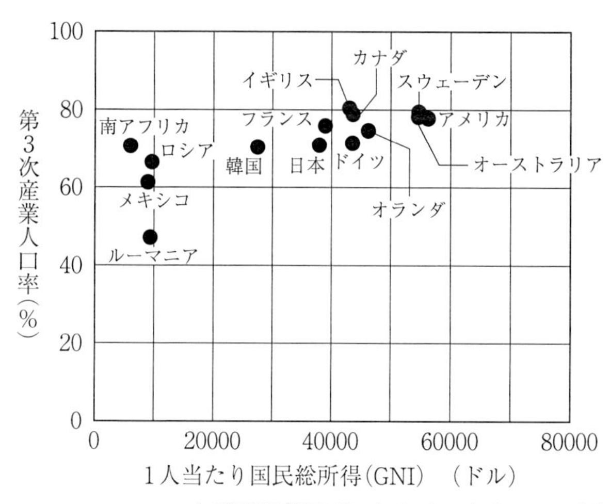

（二宮書店『2020データブック・オブ・ワールド』より作成）

1　第3次産業人口率の差は，イギリス，スウェーデンの間で最大となっている。

2　第3次産業人口率が60％以上，1人当たり国民総所得が20000ドル以下という条件を両方満たすのは，4カ国である。

3　1人当たり国民総所得について比較すると，日本の順位は，フランスに次ぐ7位である。

4　第2次産業人口率が高いほど，第3次産業人口率が高く，1人当たり国民総所得が低い。

5　1人当たり国民総所得の差は，アメリカと南アフリカの間で最大となっている。

○○○解答・解説○○○

1　4

解説　1　損害額が最も低く，1件あたりの損害額も最も低いのは「火入れ」である。　2「放火」による出火件数は最も多いが，1件あたりの損害額はおよそ100万円である。　3　平成26年における出火原因として最も多いのは「放火」であるものの，その他の年については表からは読み取れない。　4　正しい。損害額が最も高く，1件あたりの損害額も最も高い項目はいずれも「電灯・電話の配線等」である。　5　損害額が3番目に高い項目は「たばこ」であるが，1件あたりの損害額が3番目に高い項目は「配線器具」である。

2　3

解説　1　失業者数が最も多い国はアメリカ（9616人）であり，最も少ない国であるオーストラリアのおよそ13倍である。　2　失業率が最も高い国はフランスであり，失業者数が最も多い国はアメリカである。　3　正しい。日本の失業者数は2359人であり，韓国の失業者数である937人のおよそ2.5倍である。　4　表から読み取れるように，失業率が最も低い国は韓国の3.5％であり，失業者数が最も少ない国はオーストラリアでその人数は745人である。　5　ドイツはいずれの項目においても4番目に高い数値となっている。

3　3

解説　1. 誤り。ロシアに関しては，1980年から2000年にかけて漁獲量が減少していることが表から読み取れる。　2. 誤り。2014年におけるミャンマーの漁獲量は，1960年の漁獲量の11倍程度である。　3. 正しい。いずれの年においてもミャンマーが最も少ない値を示している。　4. 誤り。1980年における中国の漁獲量は，1960年の漁獲量の1.4倍程度である。　5. 誤り。2014年においてはインドネシアの漁獲量がアメリカ合衆国の漁獲量を上回っている。

4 4

解説 1. 平成15年の0.9倍であれば数値が81以上になるはずであるが，実際には79.6だから0.9倍未満である。 2. 1事業所当たりの出荷額は［出荷額］÷［事業所数］で求められる。平成15年において出荷額の数値（89.3）を事業所数の数値（77.1）で割ると1.1を超えるが，平成10年は1.1未満。つまり平成15年の1事業所当たりの出荷額は平成10年と比較して増加している。 3. 平成15年の事業所数の数値を80としても，80 × 1.2 ＜ 98.3（平成10年の数値）。よって，1.2倍以上である。 4. 1事業所当たりの従業者数は［従業者数］÷［事業所数］で求められる。平成10年と平成12年では事業所数のグラフと従業者数のグラフの上下が逆になっており，平成12年において，事業所数のグラフは従業者数のグラフより下にある。したがって，平成12年の1事業所当たりの従業者数が平成10年と比較して増加しているのは明らか。 5. 平成7年において出荷額の数値（100）を事業所数の数値（100）で割ると1。一方，平成17年では1.4未満である。つまり，平成17年の1事業所当たりの出荷額は平成7年の1.4倍未満である。

5 3

解説 1. 誤り。1970年と1980年を比較すると，製造業の就業者が減少している。 2. 誤り。サービス業と卸売・小売業については，時期が下るほど就業者が増加している。 3. 正しい。最も変動が激しいサービス業について，最少の1970年と最多の2010年を比較すると，2283/906 ≒ 2.52倍の開きがある。 4. 誤り。最少と最多の時期の開きは，サービス業が2283 − 906 = 1377〔万人〕，卸売・小売業が1172 − 873 = 299〔万人〕，製造業が1488 − 1018 = 470〔万人〕である。 5. 誤り。実質国内総生産が示されていないので，判断できない。

6 3

解説 1. 自然公園合計の普通地域の面積を2,000,000haとしても29％以上である。 2. 国立公園の公園数は国定公園の$\frac{1}{2}$倍より多く，国立公園の面積は国定公園の面積の2倍未満だから，国立公園の1公園当たりの面積は，国定公園の1公園当たりの面積の4倍未満である。 3. 都道府県立自然公園の面積の，国土面積に対する割合は5.214％だから，都道府県立自然公園の特別地域の面積の，都道府県立自然公園全体の面積に対する割合（36.4%）を40%としても$5.214 \times 0.4 < 2.6$。つまり，都道府県立自然公園の特別地域の面積の，国土面積に対する割合は2.6%未満である。　4. 都道府県立自然公園の面積を2,000,000haとしても国定公園の面積は都道府県立自然公園の面積の0.6倍以上であり，実際の都道府県立自然公園の面積は2,000,000ha未満である。よって，国定公園の面積は，都道府県立自然公園の面積の0.6倍以上である。　5. 国立公園の公園数を30としても国立公園の1公園当たりの面積は，69,000ha以上であり，実際の国立公園の公園数は30未満である。よって，国立公園の1公園当たりの面積は，69,000ha以上である。

7　3

解説　1. 誤り。オイルショックとの関連は，表中から読み取れない。なお，第1次オイルショックは1973年，第2次オイルショックは1979年のことである。　2. 誤り。天然繊維織物について1980年と2010年のデータを比較すると，約16分の1に減少している。　3. 正しい。毛織物について1980年と1990年を比較すると，一時的に増加していることがわかる。　4. 誤り。減少幅についてみると，2000年から2010年が1662百万m^2であるのに対して，1990年から2000年は2942百万m^2である。　5. 誤り。化学繊維の品質については，表中から読み取れない。

8　3

解説　1. 誤り。300人以上の事業所による製造品出荷額等の金額は，全体の52.2%であるから，半分を超えている。　2. 誤り。出荷額は，全体の出荷額に割合をかけることによって求められるので，302.0356〔兆円〕$\times 0.02 \fallingdotseq 6.041$〔兆円〕である。　3. 正しい。まず，グラフより，従業者数別事業所数について最も多いのは4～9人の事業所であり，その割合は37.6%である。また，その数は，全体の事業所数に割合をかけることによって求められるので，$191{,}000 \times 0.376 = 71{,}816$である。　4. 誤り。事業所数について，20人以上の事業所は，20～29人が13.3%，30～99人が16.1%，100～299人が5.4%，300人以上が1.8%であるから，合計すると，$13.3 + 16.1 + 5.4 + 1.8 = 36.6$〔%〕となり，全体の3分の1を超えている。
5. 誤り。増加率を求めるためには時系列のデータが必要であるが，ここでは1年分のデータが与えられているだけなので，判断できない。

9 5

解説 1. 誤り。第3次産業人口率の差については，各国の縦軸の値の差を読み取ることによって求められ，イギリス，スウェーデンの差はわずかである。 2. 誤り。第3次産業人口率が60％以上，1人当たり国民総所得が20000ドル以下という条件を両方満たすのは，南アフリカ，ロシア，メキシコの3カ国である。 3. 誤り。1人当たり国民総所得の順位は9位である。日本より1人当たり国民総所得が大きい国として，アメリカ，スウェーデン，オーストラリア，オランダ，カナダ，ドイツ，イギリス，フランスが挙げられる。 4. 誤り。第2次産業人口率についてのデータは示されておらず，判断できない。 5. 正しい。1人当たり国民総所得の差については，各国の横軸の値の差を読み取ることによって求められ，最大がアメリカ，最少が南アフリカである。

英語（ENG）

長文読解

演習問題

1 次の英文の内容と一致するものはどれか。

This scene is one I see all the time everywhere, and these young children are looking at a smartphone, and the smartphone is having a huge impact in even the poorest countries. I said to my team, you know, what I see is a rise in aspirations all over the world. In fact, it seems to me that there's a convergence of aspirations. And I asked a team of economists to actually look into this. Is this true? Are aspirations converging all around the world? So they looked at things like Gallup polls about satisfaction in life and what they learned was that if you have access to the internet, your satisfaction goes up. But another thing happens that's very important: your reference income, the income to which you compare your own, also goes up. Now, if the reference income of a nation, for example, goes up 10 percent by comparing themselves to the outside, then on average, people's own incomes have to go up at least five percent to maintain the same level of satisfaction. But when you get down into the lower percentiles of income, your income has to go up much more if the reference income goes up 10 percent, something like 20 percent. And so with this rise of aspirations, the fundamental question is: Are we going to have a situation where aspirations are linked to opportunity and you get dynamism and economic growth, like that which happened in the country I was born in, in Korea? Or are aspirations going to meet frustration?

This is a real concern, because between 2012 and 2015, terrorism incidents increased by 74 percent. The number of deaths from terrorism went up 150 percent. Right now, two billion people live in conditions of fragility, conflict, violence, and by 2030, more than 60 percent of the world's poor will live in these situations of fragility, conflict and violence. And so what do we do about meeting these aspirations? Are there new ways of thinking about how we can rise to meet these aspirations? Because if we don't, I'm extremely worried. Aspirations are rising as never before because of access to the internet. Everyone knows how everyone else lives. Has our ability to meet those aspirations risen as well?

1 インターネットが使える環境では，生活満足度が高い一方，自分の所得の比較対象となる額も上昇する。
2 スマートフォンは，専ら先進国において，人々に多大な影響をもたらしている。
3 2012年から2015年の間に，テロ事件の数は2.5倍に増えた。
4 2030年には世界の貧困層の74パーセント以上が，危険，紛争，暴力と隣り合わせで生活することになると言われている。
5 インターネットの発達により，人々の向上心はかつてなく損なわれている。

2 次の英文の内容と一致するものはどれか。

A hit and run car accident can be a terrible event for the victims of these crimes. National government statistics indicate that about eleven percent of all vehicle accidents are hit and run car accidents. This means nearly 700,000 hit and run car accident cases each year in the United States. *The National Highway Traffic Safety Administration reports that the hit and run car accident rate has increased by fifteen percent since 1998 nationwide.

* The National Highway Traffic Safety Administration
…米運輸省道路交通安全局

1 ひき逃げ事故を起こした運転手は逃げてもみな捕まる。
2 ひき逃げ事故は日本では減りつつある。
3 アメリカの自動車事故の半数はひき逃げ事故である。
4 アメリカの自動車事故件数はこの数年，ほぼ横ばいとなっている。
5 アメリカでのひき逃げ事故は1998年以来15%増えている。

3 次の文の内容と同じものはどれか。

If you are *indecisive and plan to do something about it, you can take immediate comfort in the fact that indecision is not necessarily due to ignorance and slow thinking. On the contrary it is often thinking of so many things and consideration of so many doubts that result in the difficulty to reach and act on a simple decision. The more intelligent you are, the more you may be inclined to consider rapidly many factors before making a decision. If you were *feeble-minded, you would have little or no difficulty, for you wouldn't be able to think of a variety of possible consequences. Your difficulty may be that you have acquired the habit of applying to a multitude of little, unimportant things the same serious consideration you might advisedly give to vital matters.

*indecisive 優柔不断な　*feeble-minded 頭の弱い

1　頭が弱い人は苦労せずに決定できるので決断力があると言える。

2　重要な結論を得るのに考慮するのを些細な事柄にも当てはめる癖がついているのが優柔不断で困ることだ。

3　聡明であればあるほど，多くのことを考える速度が速くなる。

4　優柔不断は無知や思考の浅さのせいで起きる。

5　優柔不断な人とは反対に頭が弱い人は実に多くの疑問を考慮している。

4 次の文の内容と同じものはどれか。

In his teens the young man is impatient of what he considers to be the unduly *stilted vocabulary and pronunciation of his elders and he likes to show how up to date he is by the use of the latest slang, but as the years go by some of his slang becomes standard usage and in any case he slowly grows less receptive to *linguistic novelties, so that by the time he reaches his forties he will probably be lamenting the careless speech of the younger generation, quite unaware that some of the expressions and pronunciations now being used in all seriousness in churches and law-courts were frowned upon by his own parents. In this respect language is a little like fashions in men's dress. The informal clothes of one generation become the everyday wear of the next, and just as young doctors and bank clerks nowadays go about their business in sports jackets, so they allow into their normal vocabulary various expressions which were once confined to slang and familiar conversation.

*stilted 誇張した，堅苦しい　*linguistic novelties 目新しい言葉

1　10代のときには，若者は，必要以上に堅苦しいと思う年長者の語彙や発音や最新の俗語を使って自分がいかに時代の先端を行っているかを示したがるのを我慢できない。

2　年月が経つにつれて，次第に目新しい言葉に対する受容性を失っていくので彼が使う俗語の中には標準語法になってしまうものもある。

3　40代になる頃には，教会や法廷で大真面目に使われている表現や発音の中には自分の両親が眉をひそめたものもあることにはまったく気づいていない。

4　ある世代の正装は次の世代の普段着になり，そして若い医師や銀行員が今日スポーツ用の上着を着て仕事に取り組んでいる。

5　通常の語彙をかつては俗語や打ち解けた会話に限られていた様々な表現の中に取り入れていく。

5 次の文の内容と同じものはどれか。

Only two animals have entered the human household otherwise than as prisoners and become domesticated by other means than those of *enforced servitude: the dog and the cat. Two things they have in common, namely, that both belong to the order of *carnivores and both serve man in their capacity of hunters. In all other characteristics, above all in the manner of their association with man, they are as different as the night from the day. There is no domestic animal which has so rapidly altered its whole way of living, indeed its whole sphere of interests, that has become domestic in so true a sense as the dog: and there is no animal that, in the course of its century-old association with man, has altered so little as the cat.

*enforced servitude 強制労働　*carnivores 肉食動物

1　犬と猫は捕獲された動物としてではなく人間の家庭に入り，そして強制労働という手段によって飼い馴らされている。

2　犬と猫には共通点が2つある。つまり，両者共，肉食動物に属していることと，狩猟能力のある人間の役に立っていることだ。

3　他のすべての特徴において，とりわけ人間との付き合い方において，犬と猫には夜と昼ほどの違いがある。

4　犬ほど，その生き方全体を，実にその興味の範囲全体を急速に変えることなく，つまり本当の意味で飼い馴らされている家畜は他にはいない。

5　猫ほど，数百年に及ぶ人間との付き合いの間にほとんど変わってしまった動物は他にはいない。

6 次の文の内容と同じものはどれか。

Throughout history humans have dreamed of a life without disease. In the past hundred years, as scientists learned more about the causes of disease and as new miracle drugs were made, people began to look forward to the defeat of disease. But disease is far from conquered and there is little chance that it ever will be.

'Good health' is a hard term to define, but the health of a group of people is usually measured by how many of them survive childhood and how long they live. By these measures, only a few countries in the world have healthy populations. In the other countries, where two-thirds of the earth's people live, the picture of health is quite different. In India, for example, only one of three people born today can expect to live to the age of fifty. And in many African and Asian countries, those boys and girls who survive the many childhood diseases still face a hard life without enough of the right kinds of food.

1　科学者が病気の原因についてより多くのことを知り，そして新しい特効薬が作られるのと同じように，人々は病気の克服を待望するようになった。

2　病気は征服されるどころではなく，これから征服される見込みもほとんどない。

3　人間の集団の健康は通常，そのうちの何人が幼児期を生き延び，つまり幼児死亡率の平均年齢によって評価される。

4　健康な国民を有する国は世界に少数しかないことになる。それ以外の国々の中には，健康の状況はまったく異なっている国もある。

5　アフリカやアジアの多くの国々では，幼児期に適当な種類の食料が十分にない，厳しい生活にいまだに直面している子供たちが様々な病気を生き延びている。

7 次の文の内容と同じものはどれか。

In Japan, more and more parents of university students are interfering with their children, from matters concerning the child's classes at university to what he or she should wear at the up coming graduation ceremony.

They are called "helicopter parents" because they are like helicopters that circle over their children and come down to help when necessary. This expression was originally coined in America.

According to a professor at Osaka University, such parents think that because they are paying their children's *tuition fees, they have the right, as consumers, to know what kind of service their child is receiving at the university.

Consequently, more and more universities are beginning to look to these parents in order to attract as many students as possible, when the number of children is decreasing in Japan and student recruitment is becoming more and more difficult.

*tuition fees 学費

1 大学生の我が子に，過剰に干渉する親が目立っている。授業の選択から卒業式の服装まで心配する。

2 親たちはヘリコプターで上空を旋回しながら常に子供を見守り，何かあると急降下して援助に向かう。

3 「ヘリコプターペアレント」と呼ぶが，元々は米国で対価を払って造語された言葉だ。

4 親たちは学費を払うのだから，その分自分たちにサービスはしてほしいと願っている。

5 少子化で厳しい学生獲得競争にさらされている昨今，こうした熱心な親たちこそ大事にしようという大学は困難な状況に陥っている。

8 次の文を読み，筆者の述べている内容と一致するものはどれか。

While staying in Greece, I would often drink several cups of coffee every day. They served what we in Japan call Turkish coffee —— a thick and sweet brew. When the coffee was drained, muddy grains remained, filling almost half the cup.

The cup would be flipped over quickly onto a saucer, rim down, as if to cover the gains. That was a common form of entertainment among men frequenting Greek coffee shops. When one lifted the cup, the pile of soggy coffee grounds would crack; the game involved guessing in which direction cracks would appear. They said the cracks in the coffee residue were used for fortune telling, too.

Boys trotted up and down the street delivering coffee. They carried as many as 10 to 15 cups on large round tin trays that resemble display stands used by fishmongers in Japan. The Greeks do indeed drink a lot of coffee. They serve a similar kind of "Turkish" coffee in Egypt. While one sits drinking coffee in shops facing the street, men bring over water pipes filled with tobacco and offer customers a puff.

1　エジプトの人々の間で愛用されているコーヒーは，トルココーヒーとは違った種類のコーヒーである。

2　トルココーヒーは非常に濃いので，苦味があるのが特徴である。

3　ギリシャでは，カップの底に残ったトルココーヒーの豆の粉を使って，遊びや占いをすることがある。

4　ギリシャにおけるコーヒーの消費量は，世界の中で最も多く，日本でのコーヒーの消費量の2倍以上である。

5　筆者は，ギリシャ滞在中に，コーヒーを飲むことができなかったので，日本に帰ってきてからは毎日コーヒーを飲んでいる。

9　次の英文の内容に合致するものはどれか。

Once, gray wolves in North America were threatened with *extinction. Many of them were shot, trapped, and poisoned. On the land of the northern *hemisphere, they are top predator, and they have long been our most powerful and direct competitor for meat. By the 1930s, gray wolves were gone from the West of United States. However, *handful wolves came from Canada during the 1980s and soon the *pack grew and split into two, then three, and so on. There was also federal action to increase population of wolves in America and it worked very well. Maybe it went too far. During 2008, more than 500 cattle and sheep were killed by wolves. And so, the fight over land and food between wolves and human has begun again.

*extinction　絶滅　　*hemisphere　半球　　*handful　少数の
*pack　群れ

1　北半球のハイイロオオカミは生命力が強く，絶滅を危惧されたことはない。

2　オオカミは北半球での食物連鎖の頂点にあり，人間とは食肉を奪い合う関係にある。

3　カナダからアメリカにやって来たオオカミの群れはなかなか数が増えなかった。

4　アメリカのオオカミの数が増えるよう，カナダ政府が介入した。

5　オオカミの数が増えすぎて，家畜が襲われ，流通する食肉の量が極端に減った。

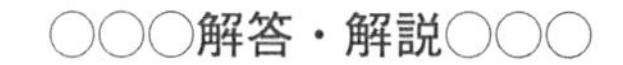

○○○解答・解説○○○

1　1

解説　Jim Yong Kim「誰にだってチャンスは与えられて然るべきもの」より。

（全訳）このような光景は近頃どこでも，しょっちゅう見かけます。子どもたちがスマートフォンに見入っています。スマートフォンは，最貧の国々にまで多大な影響をもたらしています。ある時，私は同僚にこう言いました。「世界中で，向上心が沸き起こっていると感じる。しかも目指すところが似通ってきているようだ。」経済学者を数人集めて，実際どうなのか調べてもらいました。本当に世界の人の望むものが，まとまりつつあるのかについてです。ギャラップ社の生活満足度調査などを調べた結果，分かったのは，インターネットが使える環境では生活満足度が高いということでした。しかし同時に，非常に重要なことが起こります。「参照所得―つまり，自分の所得の比較対象となる額も上昇するのです。例えば，ある国における参照所得が他国と比較した結果，10パーセント上がった場合，平均的にはその人自身の所得も最低5パーセントは上がらないと生活満足度の水準を保てないわけですが，低所得層になると参照所得が10パーセント上がった場合，所得はさらに上がらないといけません。20パーセント程度は上げる必要があります。となると，向上心が高まりつつある今，根本的な疑問が湧いてきます。今後起こりうることは，向上心に機会が結びついて勢いが生まれ，経済成長につながるということなのか―例えば私の生まれた国である韓国がそうだったように―それとも，向上心の先には不満が待っているだけなのでしょうか。

これは深刻な懸念事項です。というの，2012年から2015年の間に，テロ事件の数が74パーセントも増加しているからです。テロで死亡した人の数は2.5倍に増えました。現在，20億人が，危険，紛争，暴力と隣り合わせで生活し，2030年には世界の貧困層の60パーセント以上が，危険，紛争，暴力と隣り合わせで生活することになると言われています。では，どうやって人々の向上心に応えればいいのでしょうか。そのために力を尽くすための新しい考え方はできないでしょうか？できないとしたら非常に心配です。インターネットにより，人々の向上心はかつてなく膨らみつつあります。誰もが他のみんなの生き方を覗ける時代です。そうした環境で生まれる向上心に応える力は育っているのでしょうか？

1　正しい。「your reference income, the income to which you compare your own, also goes up.」この部分から選択肢で述べられていることが正しいということが分かる。　2　誤り。「smartphone is having a huge impact in even the poorest countries.」この部分から，スマートフォンは，最貧の国々にまで多大な影響をもたらしているということが読み取れる。　3　誤り。第2段落の冒頭部分から，「2012年から2015年の間に，テロ事件の数が74パーセントも増加し，テロで死亡した人の数は2.5倍に増えた。」ということが読み取れる。　4　誤り。本文中には，「2030年には世界の貧困層の60パーセント以上が，危険，紛争，暴力と隣り合わせで生活することになると言われている。」と記述されている。　5　誤り。「インターネットにより，人々の向上心はかつてなく膨らみつつある。」と記述されている。

2　5

解説　（大意）ひき逃げ事故は被害者にとって悲惨な出来事となる。国の統計によれば，すべての交通事故の約11％はひき逃げ事故である。つまり，アメリカ合衆国では毎年，およそ70万件のひき逃げ事故が起きている。米運輸省道路交通安全局からは合衆国内のひき逃げ事故が1998年以来15％上昇していることが報告されている。

〈語句〉　victim…〈名〉犠牲（者）。被害（者）

3　2

解説　（日本語訳）もし自分が優柔不断で，それを何とかしようとしているのであれば，優柔不断は必ずしも無知や思考の鈍さのせいではないという事実にすぐに慰めを得ることができる。それどころか，単純な結論に達し，その結論に基づいて行動するのが難しくなるのは，往々にして，実に多くのことを考え，実に多くの疑問を考慮するからである。聡明であればあるほど，決定を下す前に多くの要素を素早く考慮に入れる傾向がそれだけ強くなるかもしれない。もし頭が弱ければ，ほとんど，あるいはまったく苦労しないだろう。というのは，起こりうる様々な結果について考えることができないだろうから。優柔不断で困るのは，たいへん重要な事柄にわざわざ払うかもしれないのと同じ真剣な考慮を，多くの些細な取るに足りない物事にも当てはめる癖が身についていることかもしれない。

4 3

解説 （日本語訳）10代のときには，若者は，必要以上に堅苦しいと思う年長者の語彙や発音を我慢できず，最新の俗語を使って自分がいかに時代の先端を行っているかを示したがるが，しかし年月が経つにつれて，彼が使う俗語の中には標準語法になってしまうものもあり，またいずれにしても当人は次第に目新しい言葉に対する受容性を失っていく。その結果，40代になる頃には，おそらく若い世代の不注意な言葉づかいを嘆くようになっているが，教会や法廷で大真面目に使われている表現や発音の中には自分の両親が眉をひそめたものもあることにはまったく気づいていない。この点で，言語は男性の服の流行に少し似ている。ある世代の略装は次の世代の普段着になり，そして若い医師や銀行員が今日スポーツ用の上着を着て仕事に取り組んでいるのとちょうど同じように，彼らは，かつては俗語や打ち解けた会話に限られていた様々な表現を通常の語彙に取り入れていくのである。

5 3

解説 （日本語訳）これまでわずか2種類の動物だけが，捕獲された動物としてではなく人間の家庭に入り，そして強制労働という手段以外の手段によって飼い馴らされている。それは犬と猫である。この両者には共通点が2つある。つまり，両者共，肉食動物に属していることと，その狩猟能力において人間の役に立っていることである。他のすべての特徴において，とりわけ人間との付き合い方において，犬と猫には夜と昼ほどの違いがある。犬ほど，その生き方全体を，実にその興味の範囲全体を急速に変えてしまっている，つまり本当の意味で飼い馴らされている家畜は他にはいない。そして猫ほど，数百年に及ぶ人間との付き合いの間にほとんど変わっていない動物は他にはいない。

6 2

解説 (日本語訳) 歴史を通じて，人間は病気のない生活を夢見てきた。この百年の間に，科学者が病気の原因についてより多くのことを知り，そして新しい特効薬が作られるにつれて，人々は病気の克服を待望するようになった。しかし病気は征服されるどころではなく，これから征服される見込みもほとんどない。

「健康」は定義の難しい言葉だが，人間の集団の健康は通常，そのうちの何人が幼児期を生き延び，そしてどのくらい長生きするかによって評価される。こうした基準によると，健康な国民を有する国は世界に少数しかないことになる。それ以外の国々では，地球の人間の3分の2がそうした国々に住んでいるのだが，健康の状況はまったく異なっている。たとえばインドでは，今日生まれる3人のうち1人しか50歳まで生きる見込みがない。そしてアフリカやアジアの多くの国々では，幼児期の様々な病気を生き延びた子供たちが，適当な種類の食料が十分にない，厳しい生活にさらに直面する。

7 1

解説 (日本語訳) 大学生の我が子に，過剰に干渉する親が目立っている。授業の選択から卒業式の服装まで心配する。

「ヘリコプターペアレント」と呼ぶ。元々は米国で使われていた言葉だという。まるでヘリコプターで上空を旋回するように常に子供を見守り，何かあると急降下して援助に向かうからだ。

大阪大教授は，「消費者としての権利意識が強まっていることが背景にある」と指摘する。学費を払うのだから，その分のサービスはしてほしいということ。

少子化で厳しい学生獲得競争にさらされている昨今，こうした熱心な親たちこそ大事にしようという大学も増えてきた。

8 3

解説 朝日新聞『天声人語　夏95』より。(全訳) 以前，ギリシャに滞在中，毎日，コーヒーをよく飲んだ。いわゆるトルココーヒーである。濃くて甘い。飲み干すと，カップの半分くらいまで，どろどろの粉が残る。

そのカップを，皿にかぶせるように，さっとさかさまにする。喫茶店の店先で，男たちが，そういう遊びをしていた。カップを持ち上げた時，水分の落ちたどろどろの山に，どういう方向に亀裂がはいっているかを当てる遊びである。占いもする，と言っていた。

少年が街頭を小走りに歩いている。コーヒーの出前である。魚屋の盤台をブリキでつくったような円形の大きな盆に，カップを10も15も乗せて運ぶ。人々は本当によくコーヒーを飲む。エジプトで飲むのも，同じようなトルココーヒーである。道に面した店で飲んでいると，たばこの水パイプを，一服いかがかと持ってくる。

1 「They serve a similar kind of "Turkish" coffee in Egypt.」この一文から，エジプトの人々もトルココーヒーと同じようなコーヒーを飲んでいることが分かる。　2　第一段落の二文目より，トルココーヒーは濃くて甘いことが読み取れる。　3　正しい。第二段落の内容と一致している。4　コーヒーの消費量については，本文中からは読み取れない。　5　冒頭の一文より，ギリシャ滞在中に毎日よくコーヒーを飲んでいたということが読み取れる。

9 2

解説　（大意）かつて北米のオオカミは，絶滅の危機にあった。食物連鎖の頂点にあり，肉に関して人間の最大の競争相手だったオオカミは，1930年代までに米国西部から追われたが，1980年代にはまた増えた。米国政府のオオカミを増やす法案もあり，2008年には増えすぎたオオカミによって500頭以上の家畜が殺された。土地と食物をめぐるオオカミと人間の戦いがまた始まった。

1.「絶滅を危惧されたことはない」の部分が第一文と矛盾。　3　第5文のpack grew and split into twoは「群れが大きくなって2つに分かれた」の意味。　4　第6文の federal は「連邦の」の意味。北米で連邦制をとっているのはアメリカ。　5　オオカミの数が増えたとはあるが，食肉の流通量が極端に減ったとは書いてない。

●情報提供のお願い●

就職活動研究会では，就職活動に関する情報を募集しています。

エントリーシートやグループディスカッション，面接，筆記試験の内容等について情報をお寄せください。ご応募はメールアドレス（edit@kyodo-s.jp）へお願いいたします。お送りくださいました方々には薄謝をさしあげます。

ご協力よろしくお願いいたします。

会社別就活ハンドブックシリーズ

キーエンスの
就活ハンドブック

編　者　就職活動研究会
発　行　令和 6 年 2 月 25 日
発行者　小貫輝雄
発行所　協同出版株式会社
〒 101 − 0054
東京都千代田区神田錦町2−5
電話　03 − 3295 − 1341
振替　東京00190 − 4 − 94061
印刷所　協同出版・POD 工場

落丁・乱丁はお取り替えいたします

九州電力の就活ハンドブック

自動車

トヨタ自動車の就活ハンドブック
本田技研工業の就活ハンドブック
デンソーの就活ハンドブック
日産自動車の就活ハンドブック

商　社

三菱商事の就活ハンドブック
住友商事の就活ハンドブック
丸紅の就活ハンドブック
三井物産の就活ハンドブック
伊藤忠商事の就活ハンドブック
双日の就活ハンドブック
豊田通商の就活ハンドブック

情報通信・IT

NTT データの就活ハンドブック
NTT ドコモの就活ハンドブック
野村総合研究所の就活ハンドブック
日本電信電話の就活ハンドブック
KDDI の就活ハンドブック
ソフトバンクの就活ハンドブック
楽天の就活ハンドブック
mixi の就活ハンドブック
グリーの就活ハンドブック
サイバーエージェントの就活ハンドブック
LINE ヤフーの就活ハンドブック
SCSK の就活ハンドブック
富士ソフトの就活ハンドブック
日本オラクルの就活ハンドブック
GMO インターネットグループ
オービックの就活ハンドブック
DTS の就活ハンドブック
TIS の就活ハンドブック

食品・飲料

サントリー HD の就活ハンドブック
味の素の就活ハンドブック
キリン HD の就活ハンドブック
アサヒグループ HD の就活ハンドブック
日本たばこ産業 の就活ハンドブック
日清食品グループの就活ハンドブック
山崎製パンの就活ハンドブック
キユーピーの就活ハンドブック

生活用品

資生堂の就活ハンドブック
花王の就活ハンドブック
武田薬品工業の就活ハンドブック

電気機器

三菱電機の就活ハンドブック
パナソニックの就活ハンドブック
ダイキン工業の就活ハンドブック
富士通の就活ハンドブック
ソニーの就活ハンドブック
キヤノンの就活ハンドブック
日立製作所の就活ハンドブック
京セラの就活ハンドブック
ＮＥＣの就活ハンドブック
オムロンの就活ハンドブック
富士フイルム HD の就活ハンドブック
キーエンスの就活ハンドブック

保　険

東京海上日動火災保険の就活ハンドブック
三井住友海上火災保険の就活ハンドブック
第一生命ﾎｰﾙﾃﾞｨﾝｸﾞｽの就活ハンドブック
損保ｼﾞｬﾊﾟﾝの就活ハンドブック

メディア

日本印刷の就活ハンドブック
エイベックスの就活ハンドブック
博報堂 DY の就活ハンドブック
東宝の就活ハンドブック
TOPPAN ホールディングスの就活ハンドブック

流通・小売

ニトリ HD の就活ハンドブック
ZOZO の就活ハンドブック
イオンの就活ハンドブック

エンタメ・レジャー

オリエンタルランドの就活ハンドブック
任天堂の就活ハンドブック
アシックスの就活ハンドブック
カプコンの就活ハンドブック
バンダイナムコ HD の就活ハンドブック
セガサミー HD の就活ハンドブック
コナミグループの就活ハンドブック
タカラトミーの就活ハンドブック
スクウェア･エニックス HD の就活ハンドブック